빛깔있는 책들 103-1

# 불상

글/진홍섭 ● 사진/안장헌, 손재식

대원사

## 진홍섭

문학박사. 일본 메이지대학 정경학부를 졸업했다. 이화여자대학교 교수, 동대학 박물관장, 한국정신문화연구원 교수 등을 역임했으며, 문화재위원회 전문위원이다.

## 안장헌

고려대학교 농업경제학과를 졸업했으며, 신구전문대 강사, 사진 예술가협회 부회장으로 있다. 사진집으로「석불」「국립공원」「석굴암」등이 있다.

## 손재식

신구전문대학교 사진학과를 졸업했고, 대림산업 홍보과와 대원사 사진부에서 근무하였으며, 지금은 프리랜서로 일하고 있다. 85년 유럽 알프스 촬영 등반, 87년 네팔 히말라야 에베레스트 촬영 등반 보고전을 가진 바 있으며, 사진집으로「한국 호랑이 민예 도록」이 있다.

# 불상

# 불상

# 불상의 개념

## 불교 예배상의 종류

불교에서 예배상의 종류는 여러 가지가 있어서 마땅히 구별하여 불러야 함에도 불구하고 별로 구별하지 않고, 불상이라 하면 단순하게 법당에 모셔 놓고 신자들이 예배하는 상으로만 알고 있다. 만약 종류를 구별하지 않고 '불상'이라고만 한다면 예배의 대상이 되는 여러 종류의 상을 통칭하는 말인지, 부처라는 특정한 대상만을 가리키는 말인지 분명하지 않게 된다. 그러므로 엄격하게는 '부처'의 상은 불상이라고 해야 마땅하겠으나 예배의 대상이 되는 여러 종류의 상을 통칭할 때에는 '불교상'이라고 해야 옳다.

불교를 배경으로 한 예배상들은 모두 교리에 입각하여 만드는 것이기 때문에 교리에 있는 대로 형상이 만들어져야 하므로 우리는 그들 불교상이 가지고 있는 교리의 배경을 약간은 알아 두는 것이 그 상을 이해하는 데 도움이 될 것이다. 그러나 불교에는 수없이 많은 종류의 권속들이 있는데 그것들을 다 알 필요는 없으므로 여기서는 우리나라에서 볼 수 있는 상을 중심으로 살펴보기로 한다.

## 불(佛)

불이란 'Buddha(佛陀)'의 약칭이다. '각자(覺者)' 곧 진리를 깨달은 사람, 진리에 도달한 사람의 뜻이고 '여래(如來)'라고도 한다. 그러나 보편적으로 우리가 생각하는 불이란 곧 '샤카무니(Sakyamuni)'를 가리키는 말이다.

샤카무니란 샤카족 출신의 성자란 뜻이다. 인도 북부 네팔국에 있던 가비라성의 별장인 룸비니에서 지금으로부터 약 2500여 년 전에 정반(淨飯)대왕의 태자로 태어난 샤카무니는 29세까지 세속에

**부처의 상**  춘궁리 철조 석가여래 좌상. 보물 제332호, 고려, 국립중앙박물관 소장.

묻혀서 살다가 사람들이 병들고 죽는 일과 같은 고뇌에서 어떻게 해탈할 수 있을 것인가 하는 의문에 부딪쳐 드디어 태자의 생활을 버리고 출가하기에 이른다.

이후 6년간의 갖은 고행 끝에 중인도 마가다국 나이란자나 강변에 있는 부다가야의 보리수 밑 금강좌 위에 앉아서 사색하다가 드디어 성도한 고다마 싯달타가 곧 샤카무니인 것이다. 그는 자비와 지혜의 덕을 겸비하였고 도를 깨닫고 널리 중생을 제도한 불교의 조(祖)이다. 샤카무니는 이 세상에 인간으로 태어나서 인간으로 생활하다가 드디어 부처가 되신 분이므로 응신불(應身佛)이라고 한다.

그러나 이에 반하여 대일여래, 아미타여래, 약사여래같이 인간의 형태로 태어나지 않은 부처도 있다. 이러한 부처를 법신불(法身佛)이라고 한다. 대일여래는 마하비로사나여래라고도 하며 이 부처는 전우주 어디서나 빛을 발하는 참된 부처이며 석가여래는 그 분신으로 태어났다고 생각하였고, 그의 지혜의 광명은 밤낮을 구별해 주는 해보다도 더하다고 생각하고 있다.

아미타여래는 무량광여래, 무량수여래라고도 부른다. 이 부처는 지금도 서방 극락세계에 있으며 그의 광명과 자비는 시간과 공간을 초월해서 무한한 세계에까지 미치고 있으며 이 광명을 받은 자는 일체의 고통에서 벗어날 수 있다고 한다. 약사여래는 동방 유리광세계의 주인이며 대의왕불(大醫王佛)이라고도 하여 중생의 병을 치료하고 수명을 연장하며 재화를 소멸하고 의복, 음식 등을 만족하게 하는 등 12대원을 세운 부처이다. 그래서 항상 손에 약 항아리를 들고 있다.

이 밖에도 여러 부처가 있어서 부처는 석가모니 한 분만이라고 할 수 없게 된다. 사실 경전에 보이는 부처만 해도 35불, 53불, 1천불, 1만 3천불 등이 있다.

**약사여래상** 경주 굴불사지의 사면석불 가운데 동쪽 면에 새겨진 약사여래이다. 왼손
으로 약합을 들고 있어 약사여래임을 알게 한다. 코 부분이 훼손되어 있다.

**비로사나불상** 법신불(法身佛) 중의 하나로 대일여래라고도 한다. 이 부처는 전우주 어디서나 빛을 발하는 참된 부처라고 한다. 경주 불국사의 금동 비로사나불 좌상이 다.

**아미타여래상**  서방 극락세계의 부처로 무량광여래, 무량수여래라고도 하며, 이 부처의
광명을 받은 자는 일체의 고통에서 벗어날 수 있다고 한다. 불국사의 금동 아미타여
래 좌상이다.

## 보살(菩薩)

성불하기 위하여 수행에 힘쓰는 사람의 총칭인 보살은 '보리살타'의 약칭이다. 곧 대도(大道), 대각(大覺)을 바라는 사람이므로 부처는 물론 아니다. 보살은 '상구보리 하화중생(上求菩提下化衆生)'이 속성이다. 곧 위로는 부처를 통해 불타의 정각(正覺)의 지혜이자 최고의 이상인 불과(佛果)에 이르는 보리를 구하는 일이고, 아래로는 중생을 교화하는 일이다. 그가 얻으려는, 또는 얻은 불과는 자기 자신만을 위해서나 자신만이 가지고 있어서는 아니 되며 중생을 위하여 얻어야 하고 중생을 위하여 남김없이 베풀어야 하는 것이다. 그래서 보살은 사홍서원(四弘誓願)을 세우고 그것을 실천하는 것이다.

사홍서원이란 다음과 같다.


- 고통이 많은 중생을 다 구제하려는 소원(衆生無邊誓願度)
- 번뇌를 다 끊어 버리려는 소원(煩惱無盡誓願斷)
- 법문을 다 배우려는 소원(法爲無量誓願學)
- 불도를 이루려는 소원(佛道無上誓願成)


보살은 이러한 소원을 세우기만 하지 않고 완전무결하게 실천하고 있다. 보살은 이러한 노력을 한시도 게을리하지 않는다. 우리도 이러한 수양을 쌓으면 현재의 생에서 부처가 될 수 있으나 그러려면 먼저 보살이 되어야 한다. 보살이 되려면 먼저 여섯 가지 바라밀(波羅密)을 실행해야 한다. 바라밀이란 도(度) 곧 생사와 번뇌에 찬 이 세상에서 떠나 이상의 경지인 열반(涅槃) 곧 피안(彼岸)에 도달한다는 뜻이다.

육바라밀은 다음과 같다.

**보살상**  1976년에 경북 선산군 고아면 봉한2동 산에서 발견된 금동 여래 입상 1구와
금동 관음보살 입상 2구 가운데 하나이다. 국보 제183호, 국립중앙박물관 소장.

❀ 자비심으로 조건 없이 남에게 재물을 주는 재시(財施), 불법을 설하여 남을 제도하는 법시(法施), 남을 재난에서 구하는 무외시(無畏施) 등 복리를 남에게 주는 일(布施波羅密).

❀ 부처가 정한 법을 지켜서 허물이 없도록 하는 일. 소극적으로는 악한 일을 범하지 않을 것이며 적극적으로는 선행을 쌓아야 한다(尸羅波羅密).

❀ 인간 세계에서 일어나는 비방이나 박해에 대하여 성내거나 원망하지 않고 보복하지 않으며 추위와 더위 혹은 기아도 참아 내야 한다(忍辱波羅密).

❀ 금하는 날에 고기를 먹지 않을 것이며 마음이 용맹하고 몸을 아끼지 않고 다른 바라밀을 지켜나가는 데 게으름이 없어야 한다(毘梨耶波羅密).

❀ 진리를 올바로 조용히 생각하여 마음을 한 곳에 모아 삼매경에 이르며 산란하지 아니한다(禪那波羅密).

❀ 반야(般若)는 실상을 비쳐 보는 지혜로서 나고 죽는 이 언덕을 건너 불생불멸의 저 언덕에 이르는 뗏목과 같으므로 여러 불법에 통달하여 어지러움을 끊고 참뜻을 깨달아야 한다(般若波羅密).

이와 같은 육바라밀은 보살이 반드시 지켜야 하지만 그 이수(履修)가 완전한가 불완전한가에 따라서 차이가 생기며, 이 이수가 완전하여 거의 궁극의 경지에 도달한 보살이 있는데 그러한 보살을 일생보처(一生補處)의 보살이라고 한다. 관음보살과 세지보살은 아미타여래의 보처보살이며, 일광보살과 월광보살은 약사여래의 보처보살이며, 미륵보살은 석가여래의 보처보살이다.

보살은 부처가 되기 전이므로 그 모습이 부처의 출가상(出家相)과는 다를 뿐 아니라 정토에서 부처를 모시는 존재이므로 천상계의 복식을 한다. 실제로 표현할 때에는 귀인, 특히 여성의 모습으로 표현한다. 그러나 보살이 여성인 때문은 아니며 그의 자비로운 성격을 표현하는 데는 여성이 가장 적당한 모델이기 때문이다. 그래서 보살은 머리에 관을 쓰고 몸에는 하늘을 날 수 있는 천의를 걸치며 목걸이, 귀걸이, 팔찌, 영락 등의 장신구와 손에는 연꽃, 정병(浄瓶), 구슬 등을 들었고 얼굴은 아름답고 온화하다.

## 명왕(明王)

명(明)은 명주(明呪)란 뜻으로 진언의 별칭이기도 하다. 진언이란 능히 우리 중생의 번뇌의 어두운 장벽을 깨뜨리는 것이므로 명의 실태이고 근원이며 곧 어둠을 깨뜨리는 광명이고 지혜이다. 즉 지력(智力)으로 일체의 장벽을 깨뜨리는 위덕을 지니고 있는 것이 명왕이며 대일여래의 교령을 받아 모든 악마를 조복시키는 것이 그의 임무이다.

그러므로 명왕을 표현할 때에는 분노의 상으로 나타낸다. 여래는 일체의 중생을 교화하라는 교령을 내리지만 중생 가운데는 성근이 횡폭무쌍하고 인과의 도리를 모르고 업보를 끊지 않고 삼세(三世)를 모르는 사견(邪見)의 무리들로서 불법(佛法)을 비방하고 오역(五逆)의 대죄를 범하여 교화를 바랄 수 없는 무리도 있다. 그래서 부처는 그러한 무리의 교화를 명왕에게 명하는 것이다.

그래서 명왕의 모습은, 위세로서 교화하지 않으면 안 되므로 분노형을 취하게 된다. 그러나 명왕은 위세만 있어서는 안 된다. 최종의 목적은 교화에 있으므로 덕과 자비를 겸비해야 한다. 실제로 표현하는 상은 눈을 부릅뜨고 보살의 영락이나 팔찌 대신 밧줄과 칼을 들고 있으며 뒤에는 맹렬한 화염의 광배가 있고 반석 위에 앉아 어떤 완미한 무리라 할지라도 습복하지 않을 수 없을 만한 험한 상을 하는 것이 격식이다. 그는 극악무도한 무리를 대하여 일단 죽게 하지만 다음에는 자비로운 마음에서 다시 소생시켜 불도로

**부동명왕상** 분노의 형상을 한 명왕은 인도, 중국, 일본에서는 많은 형태로 변형을 거
듭하며 나타나고 있으나 우리나라의 불교상에서는 그 제작 예가 보이지 않는다. 일
본의 부동명왕 좌상이다. 일본 대산사 소장.(「일본의 미술」 지문당, 동경)

16 불상의 개념

인도하는 덕을 겸비해야 한다.

명왕은 여래의 교령을 받들어 화도하기 어려운 중생을 교화하므로 필경 여래와 한몸이며 여래가 형태를 달리하여 나타난 데 지나지 않는다. 이렇게 보면 보살도 중생을 교화하고자 여래가 몸을 달리하여 나타난 데 지나지 않는다고 생각할 수 있는데 이러한 이론을 삼륜신(三輪身)이라고 한다.

이와 같은 명왕은 인도 토착 종교의 시바신을 불교에서 포섭한 듯하며 7세기경부터 그러한 사상이 경전에 나타나고 있다. 이들 명왕의 형상은 각 경전에 따라 여러 가지로 변하고 시대를 달리하고 나라를 달리하면서 여러 변형이 나타나기도 한다. 그러나 우리나라 불교상 가운데서는 거의 볼 수 없다.

## 천(天)

천에는 광명, 청정, 자재(自在), 최승(最勝) 등의 뜻이 있다. 곧 호법신(護法神)으로서 인도에 있던 여러 토착신이 불교에 흡수된 것이다. 따라서 밀교에서는 천 속에 포함되는 것이 무수히 많으나 우리나라에서 볼 수 있는 천은 범천, 제석천, 사천왕, 팔부중, 인왕, 가릉빈가 등에 불과하다.

**범천(梵天)** 인도의 바라문교에서 매우 숭상하던 신이다. 불교에 포섭된 뒤에도 제석천과 함께 매우 중요한 존재로 여기게 되었다.

범천은 욕계(欲界)의 모든 욕심을 끊고 청정하여 정법을 깊이 믿으며 부처가 출세할 때마다 가장 먼저 와서 설법을 듣는다고 한다. 그 작례로는 일찍이 무불상 시대부터 인도에 있었고 한 손에 불자(拂子)를 드는 것을 격식으로 삼는다. 우리나라에서는 예가 많지 않으나 경주 석굴암의 범천상이 가장 유명하다.

**범천상**  한 손에 불자를 드는 것을 격식
으로 삼는 범천상은 우리나라에서는
예가 많지 않다. 석굴암의 범천상이다.

제석천상  간다라 지방에서 범천과 함께
삼존상이 제작되기도 하였으나 우리나
라에서는 경주 석굴암의 제석천이 유명
하다.

**사천왕상** 신라시대의 작품인 운문사 사천왕상 석주(石柱)이다. 왼쪽은 제4석주로 지국천이고, 오른쪽은 제1석주인 증장천상이다.

운문사 사천왕상 석주이다. 왼쪽은 제3석주로 광목천, 오른쪽은 제2석주로 다문천을
나타낸 것이다. 보물 제318호, 900년경 조성.

**팔부중상** 팔부중은 고대 인도의 신이었다가 불교에 흡수된 신들이어서 신격은 한층 낮다. 이들은 천, 용, 야차, 건달바, 아수라, 가루라, 긴나라, 마후라가로 신라시대부터 고려시대에 걸쳐 석탑 기단에 조각되었다. 사진은 국립중앙박물관 정원에 놓인 통일 신라시대 석탑의 기단에 조각되었던 팔부중상 가운데 일부이다.(왼쪽, 오른쪽)

**인왕상** 안동 조탑동 5층전탑 문의 좌우에 선 상으로 왼쪽은 음(吽)형, 오른쪽은 아(呵)형의 상이다.(뒤)

**제석천(帝釋天)** 인도 고대 신화에서는 범천과 함께 대표적인 신이다. 그는 도리천의 주인이며 수미산 위의 희견성(喜見城)이 그의 거처이다. 석가모니의 생전부터 그를 돕고 옹호하여 도움이 있었다고 한다. 작례로는 일찍이 간다라 지방에서 범천과 함께 삼존상이 제작되기도 하였으나 우리나라에서는 경주 석굴암의 제석천이 유명하다.

**사천왕(四天王)** 동주(東洲)의 지국천(持國天), 남주의 증장천(增長天), 서주의 광목천(廣目天), 북주의 다문천(多聞天)인 사천을 말한다. 사천왕은 수미산 밑의 사방 사주를 수호하는 천(天)이고 후세에는 불교 세계의 축도인 수미단의 사방을 지키는 신이라고 여겨져 왔다. 그들은 위로 제석천을 받들고 밑으로 팔부중을 거느린다고 한다. 사천왕은 일찍부터 인도에서는 호세신(護世神)으로 존재하였으나 불교에 섭취되어 호법신이 되었다. 따라서 불교 본래의 신이 아니며 그 표현에 있어서도 특별한 규제가 없으므로 인도에서는 귀인의 모습으로 표현되었으나 중국까지 오는 동안에 차츰 무인상으로 변했다.

무인상으로 표현할 때 손에 드는 것은 경전에 따라 차이가 있다. 그 중 한 가지씩 예를 들면, 지국천은 오른손을 허리에 대고 왼손으로는 칼을 잡고, 증장천은 오른손으로는 가슴 앞에서 칼을 잡고 왼손은 허리에 대며, 광목천은 오른손에 붓을 들어 글씨를 쓰는 모습을 취하고, 다문천은 오른손에 탑을 받쳐 들고 왼손으로 긴 창을 잡는다. 이러한 사천왕상은 바위 위에 서거나 잡귀를 깔고 앉기도 한다.

우리나라 사찰에서는 이 상들을 천왕문에 배치하며 경주 석굴암의 사천왕상, 운문사의 사천왕상 등은 신라시대 작품으로 유명하고 석탑이나 석등의 표면에 조각한 예도 많다.

**팔부중(八部衆)** 인도 고대 신화 중의 신이었다가 불교에 흡수된 신들이다. 따라서 불교에서 보면 이교의 신이어서 격은 한층 낮다. 그 내용은 다음과 같다.

천(天)은 수미산 위에 있는 천상(天上) 혹은 천계(天界)를 가리키는 말도 되고 그곳에 사는 신이라는 뜻도 된다. 따라서 어떤 특정한 천을 가리키는 말이 아니고 팔부중을 총칭하는 말이기도 하다.

용(龍)은 물 속에 살면서 비를 내리는 마력이 있다고 믿는 가공의 신이다. 얼굴과 몸은 사람인데 뱀 꼬리를 다는 수가 있고 머리 위에 3~9마리의 용 머리를 표현하는 수도 있다.

야차(夜叉)는 인도 신화에서는 사람을 해치는 신으로 태어났으나 뒤에 불법의 수호신이 되었다. 사자, 코끼리, 호랑이, 사슴, 말, 소, 양 등으로 표현하기도 하고 사람으로 표현할 때조차 얼굴을 둘 혹은 셋으로 나타내는데 손에는 모두 무기를 들고 있다.

건달바(乾闥婆)는 본래 음악의 신으로서 악기를 연주한다. 건달바를 식향(食香)이라고도 하는데, 술과 고기를 먹지 않고 향기만 마시기 때문에 그러한 해석이 나왔다고 한다. 복장은 무장이며 머리에는 사자관을 쓰고 손에 무기를 든다.

아수라(阿修羅)는 항상 투쟁을 좋아해서 제석천과 맹렬히 싸운다. 얼굴이 셋, 팔이 여섯이고 손에는 칼을 들고 있어 가장 무서운 신으로 알려져 있다.

가루라(迦樓羅)는 인도 신화에서는 새 중의 왕이라고 한다. 날개의 길이가 336만리이고 용을 잡아먹고 산다고 한다. 사람의 몸에 새의 머리를 한 형태로 표현하거나 또는 전신을 새 모양으로 표현하기도 한다.

긴나라(緊那羅)는 사람인지 짐승인지 새인지 일정하지 않은 괴물이다. 따라서 사람 머리에 새 몸, 말 머리에 사람 몸 등 그 형상이 일정하지 않다.

마후라가(摩睺羅伽)는 대복행(大腹行)이라고 번역하여 발 없이

가릉빈가　연곡사 동
부도　지단부　부조

배로 움직이는 사신(蛇神)이 상징화된 것이라고 한다. 형상은 두
주먹을 쥐고 가슴 앞에 대어 춤을 추는 듯도 하고 뱀이 있는 관을
쓰고 노래하는 듯한 형상으로도 표현한다.
　팔부중상은 우리나라에서는 신라시대부터 고려시대에 걸쳐 주로
석탑 기단에 조각되었는데 경주 석굴암에도 부조상이 있다.
　**인왕(仁王)**　이왕(二王) 또는 금강역사(金剛力士)라고도 부른
다. 불법을 수호하는 것이 본래의 임무이므로 무장하고 손에 금강저
를 들어야 하나, 한편으로는 나형(裸形)으로 손에 든 것은 없으나
주먹으로 치려고 하는 분노의 상도 있다. 이 때 입을 벌린 아(阿)
형과 다문 음(吽)형으로 대칭한다. 경주 석굴암의 인왕상은 가장
유명하다.
　**가릉빈가(迦陵頻伽)**　호성(好聲)이라고 번역하지만 속칭 극
락조라고도 한다. 깃이 아름답고 소리가 곱기로 유명하다. 상반신
은 사람의 모습이고 하반신은 새의 모습으로 나타내며 악기를 연주
한다. 우리나라에서는 고려시대 부도에 조각하는 일이 유행하였다.

28 불상의 개념

## 나한(羅漢)

나한은 곧 아라한(阿羅漢)이며 소승불교의 수행자 가운데서 가장 높은 지위로서 온갖 번뇌를 끊고 고집멸도(苦集滅道)의 사제(四諦) 의 이치를 밝히 얻어서 세상 사람들의 공양을 받을 만한 공덕을 갖춘 성자를 말한다. 대개 수행의 상으로 표현하며 16나한, 500나 한, 십대제자 등이 있다. 십대제자의 상은 경주 석굴암에서 걸작을 볼 수 있으며 또한 500나한상은 근래의 작례를 여러 사찰에서 볼 수 있다.

나한상  국립경주박물관의 정원에 있는 부조상이다.

# 불상의 기원

불상을 맨 먼저 만든 시기는 어느 때일까. 많은 경전에는 세존 생존시에 이미 조성되었다고 기록되어 있다. 그러나 고대 불교 미술의 유품들을 여러 각도에서 자세히 검토한 결과 이 기록은 신빙성이 없다. 사실은 석가모니가 열반한 후 상당한 기간이 지나서야 출현하였으며 그 기간은 석가 입멸 후 약 500년으로 추정되는데 그 동안을 무불상 시대라고 한다. 소승불교에서는 함부로 부처의 모습을 만드는 일이 부처에 대한 일종의 모독이라고 생각하였던 모양이다.

## 무불상 시대의 예배 대상

불상의 출현이 있기 전에는 예배 대상이 없었다고 생각하기 쉬우나 불교도의 예배 대상은 따로 있었다.

그러면 무불상 시대의 예배 대상은 무엇이었을까.

탑, 금강보좌, 보리수가 곧 예배 대상이었다. 이들은 모두 세존과 인연이 있는 유물들인 만큼 그것을 예배해서 조금도 부자연스럽게 느끼거나 다른 예배 대상의 필요를 느끼지 않았다.

탑은 탑파(塔婆)를 줄인 말로 후세에 와서 수천 수만의 탑이 건립된 뒤에는 세존을 기념하는 건조물이 되었지만 원래는 석가모니의 유골 곧 사리(舍利)를 봉안한 건조물이었던 만큼 초기 불교도들이 존숭하는 개념의 중심이었다. 불상을 예배하게 될 때까지 직접 세존을 대하는 것과 같이 가장 진지하고 경건한 예배 대상이었으며 불상이 제작된 뒤까지도 결코 소홀한 존재가 아니었다.

다음의 예배 대상인 금강좌(金剛座)와 보리수는 지금도 인도 사람들 사이에서는 지혜의 나무로 숭배되어 벌채는 물론 그 나무 밑에서는 거짓말을 하지 않는다고 한다. 금강좌는 석가모니가 성도할 때

**금강보좌와 보리수**  인도 부다가야의 대각사(大覺寺)에 있는 금강보좌와 보리수에는 지금도 많은 불교도들의 예배 행렬이 성시를 이룬다.(「갠지즈의 성지」 강담사, 동경)

앉아서 좌선하던 자리이고 보리수는 그 옆에 있어 해를 가리고 비를 막아서 성도를 돕던 길상의 나무이다.

　현장(玄奘)의 기록에 의하면 보리수는 본래 비파라수(畢鉢羅樹)인데 부처가 그 밑에서 성도하였으므로 보리수라고 하는 것이며, 줄기는 황백색이고 가지와 잎은 푸르다고 하였다. 부처가 열반한 날이면 수십 만의 무리가 모여 향수를 뿌리고 음악을 연주하고 꽃과 등불을 밝히면서 공양하였다 한다.

　이 밖에도 법륜(法輪), 족적(足跡), 불법승의 삼보를 상징하는 삼고(三鈷) 등도 예배의 대상이 되었다고 한다.

**불족(佛足)과 삼보(三寶) 예배** 녹색 편암, 스와트 출토, 일본 개인 소장.(「간다라미술」 이현사, 동경)

여하튼 무불상 시대에는 불교 관계의 유적이나 유물을 예배의 대상으로 삼았고, 부처의 사리를 봉안한 탑은 그 중에서도 가장 존엄한 존재로서 산치(Sanchi)의 탑도 그러한 뜻에서 세워진 것이었다. 서기 1세기경의 건립으로 추정되는 산치 대탑의 각 구조물에서 부처가 마땅히 있어야 할 자리에 불상을 조각하지 않은 점을 보면 이 때까지도 무불상 시대가 계속되고 있었음을 알 수 있다. 지금 인도에서는 불교가 거의 소멸되어 가고 있지만 지금도 부다가야에 있는 금강좌와 보리수 옆에는 항상 예배하는 승려들이 끊이지 않고 있다.

**족적(足跡)과 삼보 예배** 녹색 편암, 유럽 개인 소장.(「간다라미술」이현사, 동경)

34 불상의 개념

**성도의 장면** 2세기에 제작된 대리석의 이 부조에는 보리수와 그 아래의 발자국에 의
해 부처를 상징하고 있다.(왼쪽,「붓다」롤리 북스 인터내셔널, 뉴우델리)
**연화좌 위의 불족적(佛足跡)** 인도 부다가야의 대각사에 있는 이 석조물에 지금도 꽃
과 물로 공양하고 있다. (오른쪽,「붓다」롤리 북스 인터내셔널, 뉴우델리)

## 불상 불표현의 원칙

이상과 같이 부처가 열반한 후 약 5세기 동안은 불상이 없어도 탑, 금강좌, 보리수 등을 예배하면서 지내왔을 뿐 아니라 조각이나 그림에서 당연히 부처가 있어야 할 자리에 부처의 모습을 표현하지 않고 지내왔는데 이것을 불상 불표현의 원칙이라고 한다.

그 당시의 조각이나 그림의 주제는 본생도(本生圖)와 불전도(佛傳圖)이다. 본생도는 부처가 왕자의 모습으로 인간계에 생을 받기 전에 5백 번 생을 거듭하면서 육바라밀을 수행하였는데 이 5백 번 거듭한 생을 본생이라 하며 그 동안의 여러 가지 전설을 본생담(本生譚)이라 하여 인도의 동화, 설화의 원천이 되었다. 또 그것을 그림이나 조각으로 표현하였을 때에 본생도라 하여 인도 미술의 특이한 한 분야가 되었다.

부처는 이 본생의 기간에 때로는 제석천으로 천계에 나타나기도 하고 선인 또는 사람으로서 인계에도 태어나고 때로는 새나 짐승 같은 축계에도 태어나면서 선을 쌓아서 깊은 인연을 맺어 오다가 드디어 몸을 육아(六牙)의 백상(白象)으로 변하여 불모(佛母) 마야(摩耶) 부인의 오른쪽 겨드랑이로 강태(降胎)하였던 것이다. 따라서 많은 본생담이 있어서 비슈반다라 본생담, 육아백상 본생담, 사신사호(捨身飼虎) 본생담 등은 유명하여 조각이나 그림이 현존한다.

본생도는 부처의 전생이 주제가 되므로 부처의 모습을 표현하기 어려운 경우가 많지만, 불전도는 석가모니의 탄생에서부터 열반에 들 때까지의 이야기가 주제가 되므로 사람의 모습으로 표현할 수 있는데도 표현하지 않았다. 예컨대 나이란자나(Nairañjanā) 도강(渡江)의 기적 장면이 산치 대탑 동문에 조각되어 있는데 실지로 석존의 모습은 보이지 않는다.

그러면 부처가 있어야 할 자리는 어떻게 처리하는가.

크게 두 가지 방법을 쓰고 있는데 하나는 공간으로 비워두는 것이

고 하나는 상징(Symbol)으로 대신하는 것이다. 상징으로 대신할
때에는 다음의 4가지 방법을 쓴다.

**탄생의 장면**  연화. 석존이 탄생하여 7보를 걸은 발자국마다
연꽃이 되었다는 전설을 따름.

**성도의 장면**  보리수. 보리수 밑에서 성도한 데서 연유.

**초전법륜**  법륜. 나고 죽는 것이 수레바퀴와 같다는 불법(佛法)
의 원리를 따름.

**열반**  불탑. 사리를 봉안한 데서 유래.

이 때 사람들은 범인(凡人) 이상의 존재인 석존을 인간의 형태로
표현하는 것이 부처에 대한 모독인 동시에 인간의 힘으로는 표현할
수 없는 존재라고 생각했던 모양이다.

**부처의 탄생** 오른쪽의 신들이 들고 있는 천 위에 일곱
개의 발자국이 찍혀 있는데 이는 곧 부처의 상징이다.
인도 나가르쥬나콘다 출토, 백녹색 석회암.(위,「갠지즈
의 성지」강담사, 동경)

**불탑** 3세기경의 탑 장식판에 부조된 이 불탑은 부처의
열반을 상징한다.(아래,「붓다」롤리 북스 인터내셔널,
뉴우델리)

## 불상의 창조

약 5세기 동안의 무불상 시대가 지나고 불상이 비로소 제작되기 시작한 시기는 인도의 쿠샨 왕조의 가니슈카왕 때인 서기 2세기 초 정도로 추정하고 있다.

이 무렵 두 곳에서 거의 동시에 불상을 제작하였으니 한 곳은 인도의 서북부, 지금은 파키스탄이 된 간다라(Gandhara) 지방이고 다른 한 곳은 인도 북부의 마투라(Mathura) 지방이다. 그러면 불상을 제작하게 된 동기는 무엇이었을까. 하나는 외적인 자극이고 하나는 내적인 요구가 있었던 까닭이다.

외적인 자극에 의하여 제작한 곳이 곧 간다라 지방인데 외적인 자극을 이해하는 데는 약간의 설명이 필요할 것 같다.

알렉산더 대왕은 동으로 정복을 계속하여 기원전 326년 드디어 인더스강 서쪽 지방을 점령하여 그곳을 그리스의 식민지로 만들었다. 그는 여러 달 동안 그 지방에 머물러 있다가 돌아갔으나 30여 세의 젊은 나이로 죽었다. 그 밑에 있던 여러 부장들 중에서 세레우코스니카돌이 가장 세력이 강해서 인더스강 서쪽 지방 일대를 점령하게 되었지만 그 동안 알렉산더 대왕이 점령하였던 많은 지역이 인도의 마우리야 왕조에게 빼앗기게 되었다. 세레우코스니카돌은 알렉산더 대왕이 점령하였던 지역을 회복하기 위해 기원전 305년 인도에 침입하였다. 그러나 그의 숙적인 안티노고스가 일어남에 하는 수 없이 코끼리 500마리를 받고 아프가니스탄 남부인 인더스강 서쪽 지방을 인도에 반환하여 이 지방은 인도의 영토가 되었다.

그리스 식민지가 되어 그리스 문화가 들어왔던 인더스강 서쪽 지방이 인도의 영토가 됨에 따라 다시 인도의 불교 문화가 그곳으로 흘러들어가게 되어 그리스풍의 불교 미술이 일어날 소지가 생기게 되었다. 이 지방을 소유하게 된 마우리야 왕조의 아쇼카(Aśoka)왕은 인도 역사상 가장 높게 불교를 신봉하던 군주여서 이곳에 불교 문화가 깊이 침투되었으나 그가 죽은 뒤 국가가 차츰 쇠퇴해지면서 다시 그리스계 무장들의 지배하에 있게 되었고, 기원전 2세기 이래 약 200년 동안은 그리스계 왕국이 군림하게 되었다. 따라서 이 지방은 그리스 문화와 인도의 불교 문화가 오랜 시간을 두고 서로 침투한 지방이 되었다.

이상이 그 배경인데 그리스 사람들은 그들이 신봉하는 신을 인간의 형상으로 표현하면서 그것이 조금도 신에 대한 모독이라고 생각하지 않는 것을 보고 석존의 상을 만들어도 석존에 대한 모독이 아니라는 생각을 한 사람들은 바로 간다라 지방에서 그리스 문화에 접했던 사람들이었을 것이다.

불상 불표현의 원칙을 타파하고 인간의 형태로 불상을 제작한다는 중대한 전환이 간다라 지방에서와 같은 외적인 자극만으로 이루어졌다고는 볼 수 없고 이에 더하여 내적인 요구가 있었음도 사실인데, 다만 간다라 지방에서는 외적인 자극이 좀더 강하게 작용하였을 뿐이고 이에 대하여 내적인 요구가 더 강하게 작용한 곳이 마투라 지방이었다.

부처가 열반한 후 5세기가 경과한 시기에는 불교도들이 부처의 형상을 대하고 싶어하는 염원이 강했을 것이고 그 심정을 대변한 것이 일심으로 아미타불을 사념(思念)하면 아미타불을 볼 수 있다고 한 「반주삼매경(般舟三昧經)」이다. 부처를 볼 수 있는 삼매에 빨리 도달할 수 있는 여러 가지 방법을 든 가운데 '부처의 형상을 만들거나 그림을 그린다'는 말이 있음을 보면 부처를 보고 싶어하는 심정이 불상을 제작하는 데 큰 자극제가 되었음은 분명하다.

간다라와 마투라 두 곳에서 만든 불상은 양식상 큰 차이를 보이고 있다. 간다라 지방의 불상은 그리스 신상의 양식을 따라 다음과

간다라 양식의 불입상. 3,4세기경. 찬디가르주립박물
관 소장.(『붓다』 롤리 북스 인터내셔널, 뉴우델리)

**마투라 양식의 불입상** 434년에 제작된 이 상은 나발의 표현, 충실한 인체의 표현, 밀착한 옷 등에서 마투라 불상의 양식을 충실히 보인다. 마투라박물관 소장.(「천축에의 여행」 학습연구사, 동경)

같은 특징을 보인다.

- 머리카락은 길고 파상형을 이루며
- 콧날이 서고 눈이 들어가서 서양인의 얼굴이며
- 두꺼운 법의(法衣)는 착의법(着衣法)이 그리스식이고
- 두꺼운 법의로 해서 인체의 표현은 거의 없다.

이에 비해 마투라 지방의 불상은 인도의 토착 문화 속에서 인도 사람을 모델로 하였으므로

- 머리카락은 곱슬머리에 소라 같은 나발(螺髮)이고
- 얼굴은 기름하고 코는 얇으며 눈두덩이 두껍고 입술도 두꺼워 인도인의 얼굴이며
- 법의는 매우 얇아서 몸에 밀착되었고
- 얇은 법의로 해서 불신의 윤곽이 뚜렷해지므로 인체 표현에 충실하였다.

이렇게 하여 서로 다른 양식의 불상이 두 곳에서 제작되었는데 그 선후 관계를 결정하는 일은 매우 어려워 아직도 결론에 도달하지 못하고 있다.


## 불상의 형식

이상과 같은 경위를 거쳐 불상을 만들게 되었으나 그 전에 있었던 불상 불표현의 규칙이 장기간 엄격히 지켜졌던 사실에 비추어 보면 석존의 모습을 곧 보통 인간과 같은 모습으로 표현하는 것은 아무래

도 미안한 일이라고 생각하였을지 모르고 또 모든 인간을 초월한 존재인 석존의 모습에는 그 초월한 특징이 나타나야 한다고 생각하였을 것이다. 이런 생각에서 보면 불상에 나타나는 여러 가지 인간과는 다른 모습을 볼 수 있는데, 그런 특징은 석가모니가 500번 생을 거듭하는 동안에 쌓은 공덕으로 해서 얻어진 것이라고 한다.

그것은 인간은 갖출 수 없는 불상으로서의 특징인 동시에 부처의 존엄성을 나타내는 구체적인 표지이기도 했다. 그 중 가장 기본적인 것이 32길상(吉相)이며 이 길상에 따라 광배, 대좌, 수인 등의 특징이 나타났다. 이러한 특징은 불상 최초의 모습인 간다라 또는 마투라 불상에서 인도 불교 말기인 파라 왕조에 이르는 불상은 물론 중국, 한국, 일본 기타 지역의 불상에서 시간과 지역의 차이를 초월하여 동일하게 나타나고 있다.

## 32길상

부처의 묘상은 여러 번 생을 거듭하는 동안에 쌓은 선인(善因)에 대한 선과(善果)로서 드디어 최후로 왕자의 모습으로 태어날 때 이 묘상이 나타났으므로 결코 우연히 생긴 것이 아니다.

그 내용은 다음과 같다.

- 발바닥이 땅에 착 붙고 사이가 벌어지지 않아서 바늘이 들어갈 틈도 없다(足下安平立相).
- 발바닥에 있는 수레바퀴에는 천 개의 바퀴 살, 바퀴 테, 바퀴 통이 갖추어져 있다(足下二輪相).
- 손가락이 섬세하고 단정하며 곧고 길다(長指相).
- 발 뒤축이 넓고 평평하다(足跟廣平相).
- 손가락과 발가락 사이에 막이 있어서 마치 기러기가 발가락을 펴면 나타나고 안 펴면 보이지 않는 것과 같다(手足指縵網相).

**수족지만망상**(手足指縵網相)  손가락과 발가락 사이에 막이 있는 것을 표현하였다.
1976년에 마투라에서 발견된 이 상은 434년의 명문이 있다.(「갠지즈의 성지」강담
사, 동경)

◈ 손과 발의 부드럽기가 짐승의 배에 난 솜털과 같다(手足柔軟相).

◈ 발은 땅을 밟을 때 넓적하지도 않고 좁지도 않으며 발바닥은 연꽃같이 붉고 발가락의 막과 발 주위의 색은 산호 같고 손톱과 발톱은 맑은 구리색 같고 발등은 금색이고 털은 푸른 유리색이며 거북 등처럼 통통하게 튀어 올랐다(足趺高満相).

◈ 무릎은 이니연(Aineya) 사슴의 무릎같이 둥글고 부드럽다(伊泥延膝相).

◈ 몸을 바로하여 직립하였을 때 손이 무릎에 닿을 정도로 팔이 길다(正立手摩膝相).

◈ 부처의 음상(陰相)은 코끼리의 그것과 같이 감춰져 있다(陰藏相).

◈ 몸의 키와 팔의 길이가 같다(身廣長等相).

◈ 몸에 나 있는 모든 털은 위를 향하여 바람에 흔들리고 있다(毛上向相).

◈ 한 털구멍에서는 털 하나씩이 나 있으며 털은 푸른색이다(一一孔一一毛生相).

◈ 전신이 미묘한 금색으로 빛나고 있다(金色相).

◈ 몸의 사변에는 1장의 빛이 빛나고 부처는 그 빛 속에 있다(丈光相).

◈ 몸의 피부는 얇고 세밀하여 연꽃 잎에 먼지나 물이 묻지 않는 것과 같이 일체의 먼지나 더러운 것이 묻지 않는다(細薄皮相).

◈ 두 손, 두 발, 두 어깨, 몸의 일곱 곳의 살이 풍만 단정하고 색이 깨끗하다(七處隆満相).

◈ 두 겨드랑이 밑에도 살이 있어 우묵히 들어가지 않고 그렇다고 높지도 않다(兩腋下隆満相).

◈ 상반신 위용의 단정함이 사자와 같다(上身如獅子相).

- 어느 사람보다도 몸이 크고 바르다(大直身相).
- 두 어깨가 원만하고 풍만하다(肩圓好相).
- 보통 사람은 32치임에 대하여 부처는 40치이고 보통 사람은 머리 뼈가 9개인데 부처는 1개이다(四十齒相).
- 이의 크기는 모두 같고 들고 남이 없으며 이 사이는 조금도 틈이 없어 멀리서 보면 하나 같다(齒齊相).
- 송곳니의 예리함과 희기가 설산이 태양에 반사되는 것 같다(牙白相).
- 두 볼의 통통함이 마치 사자의 그것과 같다(獅子頰相).
- 부처는 어떠한 음식을 먹어도 모두 최상의 맛을 본다(味中得上味相).
- 부처의 혀는 부드럽고 얇으며 크고 넓어서 내놓으면 얼굴 전체를 덮고 입 속에 넣어도 입 속이 차지 않는다(大舌相).
- 부처의 음성은 깊이가 우뢰 같고 맑아서 멀리까지 들리고 마음에 들어 공경과 사랑을 받을 뿐만 아니라 자세하여 알아듣기 쉬우며 들으면 싫증이 나지 않는다(梵聲相).
- 눈동자는 푸른 연꽃같이 감청색이다(眞靑眼相).
- 눈썹이 길고 아름답고 정연함이 마치 소의 눈썹과 같다(牛眼睫相).
- 머리 위의 살이 혹처럼 융기되었다(頂髻相).
- 눈썹 사이에 흰 털이 하나 나서 오른쪽으로 말려 붙어 있으며 길이는 1장 5척이다(白毫相).

이상 여러 길상 중에서도 가장 중요한 상은 백호상이다. 이 털은 빛을 발하며 부드럽기가 도라면(都羅綿) 같고 정결하기가 눈 같다고 형용되고 있다. 교리적으로는 백호상이 부처의 길상 중에서도 가장 공덕이 큰 것으로 어떠한 상의 공덕도 백호상 공덕의 극히 작은 부분에도 미치지 못한다고 한다.

부처의 묘상으로는 32길상 외에도 80종호(種好)가 있어서 32길상을 대상이라고 한다면 80종호는 소상이고 수상(隨相)이어서 내용은 32길상을 더 자세하게 풀이한 것이다. 이 밖에 63상이라는 것도 있다.

경전에 의하면 불신은 반드시 32길상을 갖추어야 하고 이것을 벗어나서는 불상을 만들 수 없게 되어 있다. 그러나 실제로는 표현할 수 없는 것도 있고 또 굳이 표현하면 부처의 존엄성이 감소되는 수도 있다. 예를 들면 40치상, 치제상, 아백상 등은 입을 벌린 상태가 아니면 표현할 수 없고 입을 벌린 부처는 이상한 얼굴이 될 것이다. 미중득상미상, 범성상은 형상으로서 표현할 수 없으며, 대설상도 혀를 내밀고 있는 상이 아니면 표현할 수 없고, 일일공일일모생상도 머리카락만 해도 8만 4천이나 된다고 하는 부처 몸의 털을 일일이 표할 수는 없는 일이다. 수족지만망상, 정립수마슬상, 모상향상, 일일공일일모생상, 금색상, 칠처융만상, 진청안상 등을 그대로 표현하였을 경우 손발에는 막이 있어 오리발 같고 위로 뻗은 수만 개의 털은 괴물같이 보일 것이고, 길게 무릎까지 내려온 팔은 원숭이 같을 것이며 몸의 일곱 군데가 융기되고 눈동자는 파랗고, 전신이 금색으로 번쩍인다고 하면 우리들은 그러한 부처의 상을 보고 자비를 느낄 수는 없을 것이다. 따라서 아무리 500생을 거듭하는 동안에 얻은 선과이고 불상 제작에는 길상을 모두 표현해야 한다고 하지만 괴물이 되지 않아야 할 것은 물론 아름답게 표현해야 하는 것이다.

## 복장

부처는 가사(袈裟)를 걸치고 있다. 가사는 부정색(不正色), 탁색(濁色), 간색(間色)으로 의역하기도 하여 원색이 아닌 색으로 만든다는 뜻을 암시하고 있다. 즉 상색(上色)을 제외한 색으로 염색한다는 뜻으로 상색이란 청·황·적·백·흑의 5정색(五正色)과 비·홍·자·녹·유(硫)의 5간색을 말한다. 인도에서는 실지로 가사의 색을 낼 때에는 초목의 껍질이나 뿌리, 과실물, 적토 또는 적색의 광물 용액을 사용한다고 한다.

가사에는 12가지 별명이 있으나 도복(道服 ; 불도를 닦는 자의 의복), 출세복(出世服 ; 속세를 떠난 자의 의복), 법의(法衣 ; 불법을 아는 자의 의복) 등은 가장 많이 쓰이는 용어이다.

불가에서 입는 가사에는 대의(大衣), 칠조의(七條衣), 오조의로 대·중·소 세 가지가 있다고 한다. 대의는 왕궁이나 마을을 갈 때 입는 것이고 칠조의는 주로 부처를 예배할 때, 좌선할 때, 청강할 때 입으며 오조의는 노동할 때, 여행할 때, 잘 때 착용한다.

한편 부처가 가사를 입는 형식에는 두 가지가 있는데 통견(通肩)과 우견편단(右肩偏袒)이다. 통견은 가사가 두 어깨를 모두 가린 형식이고 우견편단은 왼쪽 어깨에만 걸쳐서 오른쪽 어깨가 노출된 형식이다. 이 두 형식에는 어떠한 구분이 있는 것일까.

「사리불문경(舍利弗問經)」에는

"부처를 볼 때, 스승에게 질문할 때, 자리를 걸 때, 땅을 쓸 때, 자리를 권할 때, 꽃을 심을 때, 빨래할 때는 편단하고 국왕에게 먹을 것을 받을 때, 마을에서 걸식할 때, 좌선하여 경을 읽을 때, 나무 밑을 거닐 때에는 통견하라."

고 하였으니 아마 부처도 이와 같았을 것이다.

부처는 가사 밑에 두 가지 의복을 입는다. 하나는 군(裙)이고 하나는 저지(衼支)이다. 군은 하군(下裙), 내의라고도 하여 아랫도리를 가리는 의복이고 저지는 승각기(僧脚崎), 엄액의(掩腋衣)라고도 하여 윗도리에 걸치는 의복으로 왼쪽 어깨에서 오른쪽 겨드랑 밑으로 내려간다. 부처는 아래에 군을 입고 위에 승각기(엄액의)를 입은 다음 위에 가사를 걸치는 것을 격식으로 삼는다.

**통견의(通肩衣)** 가사가 두 어깨를 모두 가린 형식이다. 5세기. 사르나트 출토.(왼쪽 위, 「천축에의 여행」 학습연구사, 동경)

**우견편단의(右肩偏袒衣)** 왼쪽 어깨에만 가사를 걸쳐 오른쪽 어깨가 드러난 형식이다. 2세기 전기. 마투라 교외 출토.(왼쪽 아래, 「갠지즈의 성지」 강담사, 동경)

**군의(裙衣)와 승각기(僧脚崎)** 부처는 가사 밑에 두 가지 의복을 입는다. 군은 아랫도리를 가리는 옷이고, 승각기는 윗도리 옷이다. 백율사 금동 약사여래 입상은 승각기의 끈 매듭까지 충실히 묘사하고 있다.(오른쪽)

## 광배

부처의 32길상 중에는 장광상(丈光相)이 있다. 부처의 몸에서 발하는 빛은 항상 시방세계(十方世界)를 빈틈없이 비추는 무량광인데 때로는 일 장이기도 하고 때로는 백 장, 천 장, 만억 장도 되어서 삼천대천세계에 충만해 있다.

그런데 어찌하여 장광상이라고 표현하였는가.

오탁(五濁)에 물들어 있는 세계에서 사는 중생들은 소덕(小德), 소지(小智)이므로 일 장의 빛밖에 받지 못하기 때문이다. 만약 욕심을 내어 더 많은 빛을 받는다면 아마도 그 밝은 빛으로 해서 눈이 멀 것이다. 따라서 중생들의 복이 얼마나 많으냐에 따라 그에 맞는 빛을 내려 주게 된다.

이러한 빛을 표현하는 것이 광배인데 회화의 경우는 그 표현이 비교적 자유롭고 용이하지만 조각일 때에는 그다지 쉽지 않아서 일반적으로 두광(頭光), 신광(身光), 거신광(擧身光)의 세 가지로 표현한다.

두광은 머리에서 발하는 빛을 말한다. 따라서 머리 주변에 빛을 표현해야 하는데 머리 부분에서는 특히 육계, 백호, 이마, 눈 등에서 빛이 난다고 하나 백호는 거의 얼굴 중앙에 위치하고 그곳에서 발하는 빛이 가장 강렬하여 두광의 중심이 된다. 두광을 표현하는 방법은 그림의 경우 수레바퀴의 살같이 머리를 중심으로 밖을 향하는 빛을 표현하거나 둥근 원만을 그리는가 하면 원 주위에 화염을 나타내기도 하지만 조각일 경우에는 둥근 원을 후두부에 붙이는 수밖에 없는데 이 경우에도 원의 중심은 백호가 된다.

신광은 몸에서 발하는 빛을 말한다. 따라서 몸을 중심으로 표현하게 되는데 이것도 그림일 때에는 여러 가지 방법이 있겠으나 조각일 때에는 몸 뒤에 붙어서 불신의 윤곽을 따라 적당한 크기로 표현하게 된다. 두광과 신광을 따로 표현하거나 두광만을 표현하는 수는 있지만 신광만을 표현하는 일은 없다. 두광과 신광을 따로 표현할 때에는 먼저 두광을 표현하고 그 밑으로 신광을 표현하여 두광이 우선해야 한다.

**화불(化佛)**  두광이나 신광에는 화불을 표현하는 수가 많다. 화불이란 부처나 보살의 신통력에 의하여 화작(化作)된 부처를 말하는데 3불, 5불, 7불로 표현되는 예가 많다. 장항리사지 석가여래상의 광배에 부조된 화불이다. 국립경주박물관 소장.

**거신광(擧身光)** 끝이 뾰족한 주형(舟形)의 거신광이다. 두광과 신광에는 연화, 당초, 인동 등을 표현하였고 외부는 화염이 감싼 형태이다. 청양 장곡사 철조 약사여래 좌상은 상과는 다른 재료인 목조로 광배를 만들었다.

거신광은 두광 신광의 구별 없이 불신 후면에 전신에서 발하는 빛을 표현한 것이다. 따라서 입상이건 좌상이건 대좌 위에서 시작하여 머리 위까지 불신 전체를 싸게 된다. 불신에서 발하는 빛을 표현할 때 광배 주위를 화염으로 표현하는 수가 많은데 화염의 형태는 끝이 뾰족해지므로 두광이건 신광이건 상단이 뾰족해진다. 위가 뾰족해지면 거신광은 전체 모양이 배처럼 되므로 주형(舟形) 광배라고도 하고 두광의 상단이 뾰족해진 것은 보주형(寶珠形) 두광이라고 부른다. 또 석조 조각에서 두광, 신광, 거신광 등을 불신과 한 돌로 조각하기도 하지만 불신과 별개의 돌로 만들 때는 불신 뒤에 세우게 된다. 또한 돌 아닌 다른 재료로 따로 만들어서 세우기도 한다.

빛은 눈으로 볼 수 있는 형상이 나타나는 것이 아니고 다만 밝은 존재일 뿐이다. 또 빛은 태양 광선같이 넓고 깊은 광선도 있고 화염같이 좁고 엷은 광선도 있다. 태양 광선은 눈에는 보이지 않으나 직선적이고 화염은 곡선적이다. 따라서 광선을 표현함에 있어서 직선으로 하거나 곡선으로 하거나 관계 없다. 다만 어느 것이나 밝다는 것 외에 다른 요소가 가미될 수 없으나 실지로 광배에는 여러 가지 다른 요소가 가미된다.

화염은 빛과 직접적인 관계가 있으므로 광배에 화염의 형상을 표현하여도 무방하나 빛과 전혀 관계가 없는 연화, 당초(唐草), 인동(忍冬) 등이 표현되는 수가 있다. 이들은 불교와는 관계가 있지만 빛과는 관계가 없다. 경전에서 보면 보살의 배광을 원만연환광(圓滿蓮環光)이라고 한 것을 보면 머리에서 발하는 빛을 보고 연꽃을 연상하였는지도 모른다. 당초나 인동도 불교와의 인연으로 해서 두광이나 신광의 공간을 장식하는 문양으로 채택하는 데 적당하였고 또 채택하여도 무방하였던 모양이다.

또 두광이나 신광 등에 화불(化佛)을 표현하는 수가 많다. 간다라 불상이나 마투라 불상의 두광에는 모두 화불이 표현되어 있다. 화불이란 부처나 보살의 신통력에 의하여 화작(化作)된 부처를 말한다. 경전에는 원형의 두광 속에 500의 화불이 있다고 하였으나 실제로는 두광은 물론 신광에도 표현하고 500이 아닌 3불, 5불, 7불로 표현하는 예가 가장 많다.

## 대좌

부처나 보살은 보통 연꽃 위에 앉는데 「대지도론(大智度論)」에서는 연화좌를 다음과 같이 해석하고 있다.

"물어 가로되 '무슨 까닭으로 광명 속에 보화를 화작하는가' 대답해 가로되 '부처가 앉고자 하는 까닭이다' 물어 가로되 '앉을 자리가 많은데 하필 연꽃으로 한 이유가 무엇인가' 대답해 가로되 '연꽃이 연하고 깨끗함으로써 신력(神力)을 나타내어 그 위에 앉되 꽃이 상하지 않게 함이다. 또 묘법의 자리를 장엄하게 하는 까닭이며 여러 꽃은 모두 작고 이 꽃같이 향기가 깨끗하고 큰 것이 없기 때문이다. 속세의 꽃은 크기가 1척 정도지만 만타기니지(漫陀耆尼池), 아나바달다지(阿那婆達多池)의 연꽃 크기는 수레와 같다. 천상의 꽃은 이보다도 커서 결가부하기에 족하다. 부처가 앉는 꽃은 크기가 이보다도 백천만 배다. 또 이같은 연화대는 깨끗하고 향기가 있어 앉을 만하다.'"

이상과 같이 연꽃이 불좌가 된 이유를 드는 동시에 연꽃 중에서도 부처가 앉는 연꽃이 가장 뛰어난 것임을 강조하고 있다. 불좌로서의 연꽃의 모양은 색과 형태가 천차만별이다. 또 경전에는 연꽃에 인화(人華), 천화(天華), 보살화의 3종이 있다고 하였으나 천화, 보살화는 말할 것도 없이 상상의 꽃이고 보련, 칠보연화 등도 연꽃에 대한 수식어인 것이다.

실제로 불대좌에 조각된 연꽃을 보면 밑에 받침이 달리고 대좌의 크기에 따라 8엽에서 10엽으로 된 것이 보통이다. 연꽃의 표현 방법은 꽃잎 끝이 밑을 향한 복련(伏蓮)과 위를 향한 앙련(仰蓮)의 두 가지가 있다. 어떠한 형식도 무방하나 부처가 연꽃 위에 앉아 있다고 생각하면 앙련으로 하는 것이 옳을 것이고 아래위에 표할 때에는 위는 앙련으로 밑은 복련으로 하는 것이 격식이다. 한편 하나의 줄기에서 세 개의 가지가 나고 그 끝에 각각 연꽃이 있어 그 위에 삼존이 앉은 형식도 있는데 이것을 일컬어 일경삼존상(一莖三尊像)이라고 한다.

부처가 앉는 자리로서 연꽃 아닌 것이 있다. 방형의 수미단(須彌壇)이 그것이다. 곧 부처의 거처인 수미산을 뜻한다고 한다. 삼국시대 불상에는 수미단 형식의 대좌가 많으며 법의가 대좌를 덮고 늘어져 있다. 이러한 형식을 상현좌(裳懸座)라고 한다.

끝으로 불상 외의 여러 불교 예배상의 대좌를 보기로 한다. 연꽃 위에는 불보살만이 앉지 그 밖의 권속은 앉지 못한다. 그들 권속의 대좌로는 하엽좌(荷葉座), 암좌(岩座), 생령좌(生靈座) 등이 있다.

하엽은 연의 잎이므로 꽃과는 격이 다르다. 천부상이나 나한상의 대좌로 이용되고 있는 것으로 보아 아마도 연꽃에 버금가는 격을 생각했던 모양이다.

암좌는 힘의 상징이다. 부처는 자비로서 구제할 수 없는 무리들을 힘으로 조복시키는 방법을 쓴다. 부처의 교령을 받아 그 임무를 수행하는 인왕 같은 존재는 부드러운 자리보다도 바위 같은 자리가 힘을 과시하여 위협을 느끼게 하는 데 더 적당하였을 것이다.

생명에는 옳은 생명이 있는가 하면 선근(善根)을 가지지 못한 생명도 있는데 이것도 힘으로 조복시켜야 하므로 사천왕이 발 밑에 밟고 있는 악귀는 조복을 받아야 하는 옳지 못한 생명이 된다. 이런 것을 밟고 있을 때 그것을 생령좌라고 한다.

**연화좌** 부처나 보살은 보통 연꽃 위에 앉는데, 연화대가 깨끗하고 향기가 있기 때문
이다. 보물 335호인 경북대학교 소장 석조 여래 좌상의 대좌이다. (왼쪽 위)

**수미단** 방형의 수미단은 부처의 거처인 수미산을 뜻한다. 장곡사 철조 약사여래 좌
상의 대좌. (왼쪽 아래)

**상현좌(裳懸座)** 법의가 대좌를 덮고 늘어진 형식을 상현좌라고 한다. 경주 구황동
에서 출토된 금제 아미타여래 좌상이다. (오른쪽)

**암좌(岩座)** 암좌는 힘의 상징이다. 부처의 교령을 받아 임무를 수행하는 인왕이나 팔부중 같은 존재는 부드러운 자리보다도 바위 같은 자리가 힘을 과시하여 위협을 느끼게 하는 데 더 적당하였을 것이다. 석굴암 팔부중상의 암좌이다.

**하엽좌**(荷葉座)  하엽은 연의 잎이므로 꽃보다 격이 낮아 천부상이나 나한상의 대좌로
이용된다. 석굴암 십대제자상의 대좌이다.

**생령좌(生靈座)** 옳지 못한 생명인 악귀를 밟고 있는 것은 선근(善根)을 가지지 못한 생명을 힘으로 조복시킨다는 의미이다. 이런 옳지 못한 생명을 밟고 있을 때 생령좌 라고 한다. 석굴암 사천왕상의 생령좌이다.

## 자세

불상에서 가장 많이 볼 수 있는 자세는 입상과 좌상이다. 부처가 서거나 앉거나 하는 것은 모두 부처의 신밀(身密) 곧 부처의 동작이므로 어느 쪽이 더 좋고 그른 것이 없다.

경전에는

"법당에 안치하는 상은 반드시 좌상으로 해야 한다. 휴식하는
상은 좌상 또는 와상으로 해야 한다. 행동하는 상은 반드시 입상
으로 해야 한다."

라고 하였다.

과연 보리수 밑에서 성도할 때, 녹야원(鹿野園)에서 설법할 때 등의 모습은 모두 좌상이고, 입상은 걸식할 때 또는 제바달다가 세존을 살해하고자 큰 코끼리에게 술을 마시게 한 다음 세존에게 보냈을 때 세존이 오른손을 들어서 술취한 코끼리를 조복시키는 모습 등 그다지 많지 않다. 우리나라의 불상도 좌상이 많다.

입상을 등족립(等足立)이라고 한다. 두 발을 가지런히 해서 직립하는 자세를 말한다. 하반신이 직립일 뿐 아니라 상반신도 직립하여 굴곡됨이 없어야 한다. 그러나 협시보살은 몸을 굴곡시키는 수가 있는데 삼국시대 보살은 직립하고 통일신라시대 보살은 굴곡 자세를 취하는 수가 많다.

좌상은 결가부좌(結跏趺坐)이다. 결가부좌는 가장 안온한 자세이며 피로를 느끼지 않으며 마음이 산란되지 않아 삼매경에 들 수 있는 자세이다. 결가부의 형식에는 두 가지가 있다. 하나는 길상좌(吉祥坐)이고 하나는 항마좌(降魔坐)이다. 항마좌는 먼저 오른발을 왼쪽 다리 위에 얹고 다음에 왼발을 밖에서 오른쪽 다리 위에 얹는 것이고 길상좌는 이와 반대다. 부처가 보리수 밑에서 정각을 성취할 때 몸은 길상좌이면서 손은 항마인을 취하였다고 한다. 따라서 부처의 좌법으로는 길상좌를 으뜸으로 삼고 때에 따라서 항마좌를 취한

다고 하는데 우리나라 불상은 대부분 길상좌를 취하고 있다. 여하튼 결가부의 좌법은 옛날부터 인도에서 전해 오는 8만 4천이나 되는 좌법 중에서도 왕좌로 가장 으뜸가는 좌법이라고 한다.

부처의 자세에는 입상과 좌상 외에 특수한 자세가 있다.

첫째, 의상(倚像)이 있다. 두 다리를 앞으로 가지런히 늘어뜨리면서 걸상에 걸터앉는 자세로서 중국에서는 북위(北魏) 이래 수, 당에 이르기까지 많이 조성되었으나 우리나라에서는 경주 남산 삼화령 삼존상의 본존상을 대표작으로 들 수 있다.

둘째, 교각상(交脚像)이 있다. 의상의 자세에서 무릎을 벌려서 발목을 서로 교차시키는 형식이다. 중국에서는 남북조시대에 석제, 금속제를 막론하고 유행하였으나 우리나라에서는 매우 드물어서 성주의 마애불에서 고려시대에 제작된 일례를 볼 수 있을 뿐이다.

셋째, 탄생불은 석존이 탄생할 때의 모습이라고 한다. 몸에는 짧은 치마를 걸쳤을 뿐 전신 나형이고 직립하여 한 손은 들어서 하늘을 가리키고 한 손은 늘어뜨려서 땅을 가리키는 형상이다. 세존은 탄생하자마자 일곱 걸음을 걸으면서 '천상천하유아독존(天上天下唯我獨尊)'이라고 말하였다고 하는데 바로 이 때의 모습을 표현한 것이라고 한다. 우리나라에서는 금동제의 탄생불이 전해 온다.

다음에 열반상이 있다. 즉 부처가 속세를 떠날 때의 모습인데 두 다리를 가지런히 하고 팔을 베고 모로 누운 상이다. 이러한 모습이 예배의 대상으로는 적당하지 않았던지 인도나 중국에서도 작례가 드물고 우리나라에서는 작례가 전혀 없다.

끝으로 반가상이 있다. 반가상은 결가부의 자세에서 왼쪽 다리를 풀어서 늘어뜨리고 왼손으로는 오른쪽 발목을 잡으며 오른손은 팔을 오른쪽 무릎에 괸 다음 손은 볼에 대고 머리를 약간 숙여 사색에 잠긴 자세를 취한다. 이러한 불상은 인도에서 태자 사유(太子思惟)의 상으로 제작되었다가 중국에 전해지면서 미륵보살의 사유상으로 뜻이 바뀌어 지금은 우리나라에서도 '미륵보살 반가사유상'이라고 부르고 있다. 즉 미래불인 미륵보살이 도솔천(兜率天)에서 자기가 부처가 된 다음 중생 제도를 사념하고 있는 모습으로 해석하고 있다. 미륵보살 사상은 중국에서는 북위에서 크게 유행하였고 우리나라에서도 삼국시대에 크게 유행하였던 자취가 뚜렷한데 특히 신라에서는 화랑을 미륵보살의 화신이라고 생각하여 미륵보살이 현세에 나타나서 화랑이 되어 주기를 기원하였던 것이다.

**태자 사유(思惟)상** 3세기 후반, **松岡**미술관 소장.(「불상의 기원」 암파서점, 동경)

**교각상**(交脚像)  의상의 자세에서 무릎을 벌려서 발목을 서로 교차시키는 형식이다. 중국에서는 남북조시대에 유행하였으나 우리나라에서는 성주의 마애불에서 고려시대에 제작된 일례를 볼 수 있을 뿐이다. 성주 노석동 마애불상군 우협시보살상.

**의상(倚像)** 두 다리를 앞으로 가지런히 늘어뜨리면서 걸상에 걸터앉은 자세로, 중국에서는 북위, 수, 당에 이르기까지 많이 조성되었으나 우리나라에서는 그리 많이 제작되지 않은 것으로 보인다. 법주사 마애여래 의상.

**탄생불**  몸에는 짧은 치마를 걸쳤을 뿐 전신 나형이고 직립하여 한 손은 들어서 하늘을
가리키고, 한 손은 늘어뜨려 땅을 가리키는 형상이다. 동국대학교 박물관 소장.

**반가사유상**   결가부의 자세에서 왼쪽 다리를 풀어 늘어뜨리고 왼손으로는 오른쪽 발목
을 잡으며, 오른손은 팔을 오른쪽 무릎에 괸 다음 손은 볼에 대고 머리를 약간 숙여
사색에 잠긴 자세를 취한 자세로, 미륵보살 반가사유상이라고 부르고 있다. 국립중앙
박물관 소장.

## 인상(印相)

부처나 보살의 손이나 손가락의 특정한 모습을 인상이라고 한다. 인은 세존의 내증, 서원, 공덕의 표지이므로 불변하는 것이며 손가락을 꼬부리기도 하고 여러 가지 물건을 잡기도 한다. 그래서 손가락을 꼬부리는 것을 수인(手印)이라 하고 물건으로 인을 표시하는 것을 계인(契印)이라고 한다.

인을 결하는 상에는 불보살의 구별이 있고 각기 본서(本誓), 염원(念願)이 있고 때와 장소에 따라 인이 달라진다고 하면 인의 종류는 무수히 많다고 할 수 있다. 그러나 그 모두를 가려 낼 필요는 없으므로 여기서는 석존의 5인을 중심으로 우리나라 불상에서 많이 볼 수 있는 인을 중심으로 그 형식과 배경을 설명하기로 한다. 여기서 석존의 5인이라 함은 선정인, 항마촉지인, 전법륜인, 시무외인, 여원인을 말한다.

**선정인(禪定印)** 선정인은 결가부좌일 때 취하는 수인이다. 왼손은 손바닥을 위로 해서 배꼽 앞에 놓고 오른손도 손바닥을 위로 해서 겹쳐 놓되 두 엄지 손가락을 서로 대는 형식이다. 이 자세는 인도에서 옛날부터 있었던 자세로 망념을 버려 움직이지 않고 마음을 한곳에 모아 삼매경에 들게 하는 수인이며 석존이 보리수 밑에 앉아 깊은 생각에 잠겼을 때 바로 이 수인을 취하고 있었다.

**항마촉지인(降魔觸地印)** 옛날 석가모니가 아직 성도하기 전에 정각산의 선정굴에서 내려와 나이란자나를 건너서 그 강변에서 멀지 않은 곳에 있는 비파라수 아래 금강좌 위에 앉아 결가부하고 다시 선정인을 결하였다. 석가모니는 성각을 이루지 않으면 이 자리를 떠나지 않겠다는 굳은 결심을 하였는데 이 때 제6천의 마왕(魔王) 파순(波旬)은 만약 석가모니가 성도하여 부처가 된다면 일체의 중생은 구제되고 마왕의 위력은 당연히 감퇴된다고 생각하여 권속을 이끌고 가지가지의 방해를 하게 된다.

마왕은 먼저 염욕, 능열인, 가애락이라는 3인의 미녀를 보내어 미태를 보이면서 세속의 쾌락이 출가의 즐거움보다 더하다고 하면서 유혹하려 하였다. 그러나 이러한 시도가 번번이 성공하지 못하자 최후의 수단으로 악마 세계의 모든 군세를 동원하여 힘으로 쫓아내려 하였다.

마왕은 칼을 석가모니에게 대면서

"비구야, 나무 아래 앉아서 무엇을 구하는가. 빨리 떠나라. 너는 신성한 금강보좌에 앉을 가치가 없는 자이다."

라고 외쳤다.

석가모니는

"천상 천하에 이 보좌에 앉을 수 있는 사람은 나 한 사람뿐이다. 지신이여 이를 증명하라."

고 하면서 선정한 오른손을 풀어서 오른쪽 무릎 위에 얹고 손가락을 땅에 대었다.

이 때 지신이 홀연히 땅에서 뛰어나와 이를 증명하였는데 이 때의 모습이 항마촉지의 인이다. 항마인, 촉지인, 항마촉지인 등 여러 명칭이 있으며 석가모니만이 취하는 특정한 수인이다.

**전법륜인(轉法輪印)** 세존이 모든 악마를 항복시키고 무상정등각자(無上正等覺者)로서 고(苦;인생은 모두 고라는 진리), 집(集;고에는 원인이 있다는 진리)의 현실과 멸(滅;고의 원인은 멸한다는 진리), 도(道;고의 원인을 멸하는 데는 도가 있다는 진리)의 이상을 오득하게 되었다.

세존은 대각위(大覺位)에 도달한 후 보리 도량 부근에서 자리를 옮기면서 각각 7일간에 걸쳐 체득한 이상을 어떻게 현실 사회에 실현시킬 것인가를 생각한 끝에 중도의 생활 곧 견식, 사유, 언어, 행위, 생활, 노력, 억념, 정려를 바르게 해야 한다는 묘법을 정하였다. 생각이 정해진 다음 먼저 생각난 것이 전에 고행을 함께 한 5

선인의 신상에 관해서였다. 그래서 세존은 곧 그들이 사는 베나레스에 가서 이 묘법을 설명하였다.

　부처의 설법을 전법륜이라고 하는데 최초로 설법한 이 때의 설법을 초전법륜이라 하고 손 모양을 전법륜인이라 한다. 왼손의 엄지와 검지의 끝을 서로 대고 장지, 약지, 소지는 편다. 오른손도 같이 하고 왼쪽 손바닥은 위로 하고 약지와 소지의 끝을 오른쪽 손목에 대고 오른손은 손바닥이 밖을 향한 형태이다.

　**시무외인(施無畏印)** 　시무외인은 이포외인(離怖畏印)이라고도 하여 중생에게 무외를 베풀어 포외에서 떠나게 하고 우환과 고난을 해소시키는 대자의 덕을 보이는 인이다. 손의 모습은 다섯 손가락을 가지런히 위로 뻗고 손바닥을 밖으로 하여 어깨 높이까지 올린 형태이다.

　**여원인(與願印)** 　시여인(施與印), 시원인(施願印), 여인(與印) 등의 별명이 있으며 부처가 중생에게 사랑을 베풀고 중생이 원하는 바를 달성하게 하는 대자의 덕을 표시하는 인이다. 손의 모습은 손바닥을 밖으로 하고 다섯 손가락을 펴서 밑으로 향하고 손 전체를 늘어뜨리는 시무외인과는 반대의 모습이다. 이 수인은 선정인이나 항마촉지인같이 그러한 수인을 하던 때와 장소가 뚜렷하지 않기 때문에 석존이 이 수인을 하였다 해서 그것이 어떠한 장소에서 어떠한 뜻으로 나타낸 것인지를 가려 내기는 어렵다.

　시무외인과 여원인의 두 가지 수인은 우리나라 삼국시대 불상에서 그 종류에 관계 없이 다 취하고 있는 수인이다. 그래서 두 수인을 일명 통인(通印)이라고도 한다. 특히 여원인에서는 밑을 향한 5지 중 약지와 소지를 구부린 불상이 많아서 하나의 특색이 되고 있다.

　**지권인(智拳印)** 　지권인은 대일여래(大日如來) 곧 비로사나불이 결하는 수인이다. 그 형상은 좌우 두 손 모두 엄지를 속에 넣고 주먹을 쥔 다음에 왼손을 가슴까지 들고 검지를 펴서 세운 다음 오른손의 소지로서 편 왼손의 첫째 마디를 잡는다. 그리고 오른손 주먹 속에서는 오른손 엄지 끝과 왼손 검지 끝을 서로 댄다. 이러한 손 모양은 일체의 무명 번뇌를 없애고 부처의 지혜를 얻는다는 뜻, 또는 이(理)와 지(智)는 둘이 아니고 부처와 중생은 같은 것이며 미혹함과 깨달음도 본래는 하나라는 뜻이라고 한다. 이 수인은 비로

부처의 수인(手印)

선정인(禪定印)

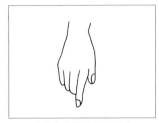

항마촉지인(降魔觸地印)

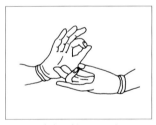

전법륜인(轉法輪印)

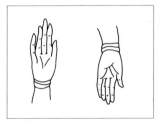

시무외인(施無畏印)·여원인(與願印)

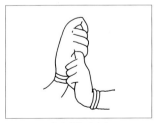

지권인(智拳印)

사나불만이 취하는 것이므로 이 수인을 결한 불상은 곧 비로사나불인 것이다.

**미타정인(彌陀定印)** 미타정인은 아미타여래의 수인으로 묘관찰지정인(妙觀察智定印)이라고도 한다. 아미타여래의 수인은 미타정인의 미타, 법계정인의 미타, 전법륜인의 미타, 개연화인의 미타, 시무외인의 미타 등 다양한데 이러한 수인을 결하는 것은 모두 서원이 있어서 하는 일인만큼 수인의 종류가 많다는 것은 곧 여래의 서원이 많다는 것을 뜻한다. 그러나 우리나라에서 볼 수 있는 수인은 미타정인뿐이다. 미타정인은 선정인과 같은 모습에서 검지를 세워서 엄지와 서로 끝을 마주 대어 검지의 등이 서로 닿게 한다.

미타정인에는 9품(品)이 있다.

「무량수경(無量壽經)」에는

"시방세계의 제천인민으로 그 마음을 다하여 그 나라에 태어나기를 원하는 자에 대체로 3배(輩)가 있다. 상배는 집을 버리고 욕을 끊어 중이 되어 보리심을 발하여 일향 전심 무량수불을 염하면서 여러 공덕을 닦아 저 나라에 태어나기를 원하는 무리이다.

중배는 중이 되어 크게 공덕을 닦을 수 없다 하더라도 마땅히 무상보리의 마음으로 염하고 다소의 선을 닦고 제계를 받들고 탑상을 세우고 중생에게 음식을 주고 비단을 걸고 등을 밝히고 꽃을 뿌리고 향을 바름으로써 회향하여 저 나라에 태어나고자 하는 무리이다.

하배는 설사 여러 가지 공덕을 쌓을 수 없다 하더라도 마땅히 무상보리의 마음을 발하여 일향 전심 무량수불을 염하면서 저 나라에 태어나고자 하는 무리이다."

라고 있어서 아미타여래의 정토인 서방 극락세계에서 왕생하는

# 아미타여래 구품인(九品印)

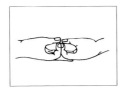
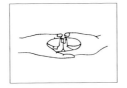
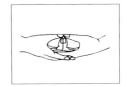

상품상생(上品上生)　　　　　중품상생(中品上生)　　　　　하품상생(下品上生)

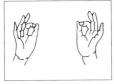
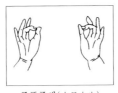
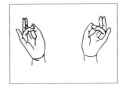

상품중생(上品中生)　　　　　중품중생(中品中生)　　　　　하품중생(下品中生)

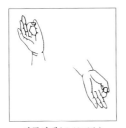

상품하생(上品下生)　　　　　중품하생(中品下生)　　　　　하품하생(下品下生)

사람들에게는 그의 행업의 얕고 깊음에 따라 상중하 3종의 구별이 있음을 말하고 있다.

또 이 상중하의 3품에는 각각 3생(生)이 있어서 9품이 있게 된다. 아미타여래의 극락정토에 왕생할 수 있는 사람들에 대한 9계단에 상응한 9품의 정토가 있어서 이에 따른 수인도 다르다. 상품상생의 인은 미타정인에서 엄지와 검지를 대는 것이고 중품 상생은 엄지와 장지를 대는 것이고 하품 상생은 엄지와 약지를 대는 것이다. 따라서 미타정인은 상생의 인이고 손가락을 대는 데 따라 품이 달라진다.

중생의 인은 두 손을 가슴 앞에까지 들고 손바닥을 약간 밖으로 하는데 엄지와 검지를 대면 상품, 엄지와 장지를 대면 중품, 엄지와 약지를 대면 하품으로 품이 구별되는 것은 상생의 경우와 같다. 이와 같이 하여 하생의 인은 오른손을 중생의 상태로 두고 왼손만 무릎 위에 놓은 자세이고 품의 구별은 상생이나 중생과 같다.

이상 우리 주변에서 볼 수 있는 수인의 대략을 보았는데 첨가하여 둘 말은 항마촉지인은 석가여래의 특정한 수인인데 때때로 아미타여래도 이 수인을 결하는 예가 있으므로 항마촉지인을 하고 있다고 해서 모두 석가여래라고 할 수 없다는 말이다.

한편 여래상은 맨손으로 여러 가지 형상을 나타내어 서원을 표시하지만 보살은 예외로 여래의 통인을 결하기도 하나 대개의 경우 구슬, 연꽃, 법륜, 고리 등의 물건을 든다. 그 중 정병은 관음보살만이 드는 물건이고 석장은 지장보살만이 드는 물건이다.

### 재료

불상 재료의 선택에는 아무 제한도 없다. 금은 주옥으로 불상을 만드는 일은 공경하는 마음을 표시하는 하나의 수단은 될 수 있어도 공경하는 마음의 경중을 가리는 척도는 되지 않는다. 값진 재료는

**운강석굴(雲崗石窟)** 운강 제20굴의 길가에 새겨진 대불(大佛)로서, 이러한 불상은 분명 우리나라의 석불 양식에 영향을 끼쳤을 것이다.(「중국불교의 여」 미내미, 동경)

부자만이 할 수 있는 일이므로 빈자는 힘이 자라는 대로 재료를 써도 공덕이 감하는 것은 아니라고 하였다. 때로는 흙으로 빚어서 만들 수도 있고 심지어 모래를 모아서 만들어도 허물하지 않았다. 다만 청정하다는 점이 근본 요건이어서 목재는 날을 정해서 잘라 향탕으로 씻어 깨끗이 하라든가 금속 재료는 한 번도 세속의 용기에 사용하지 않았던 것이라야 한다든가 하는 등의 조건을 규정하고 있다.

**석불** 미륵리의 석불 입상은 고려시대의 불상으로 주변에 돌로 쌓은 벽체가 있고 벽
사이에 상을 부조한 석재도 있어 석굴사원의 형식으로 생각되기도 한다.

**목불**  송광사 목조 불감(佛龕)의 주존상이다. 불상 재료의 선택에는 아무런 제한이
없으나 청정하다는 점이 근본 요건이어서 목재는 날을 정해서 잘라 향탕으로 깨끗이
하라는 조건을 규정하고 있다.

**소조불**  부석사 무량수전의 주존상은 고려시대의 소조불로 보상화문이 화려하게 투각
된 목조 광배를 갖추었다. 국보 제45호.

**건칠불** 우리나라의 건칠상은 유례가 드문데 기림사의 건칠 보살 좌상은 조선 초기
불상의 양식을 보여 주는 귀중한 자료이다. 보물 제415호.

# 한국의 불상

## 불교의 전래

우리나라에 불교가 전래된 시기는 삼국시대였다. 삼국을 형성하였던 고구려, 백제, 신라에 각각 다른 경로와 시기를 통하여 중국을 경유하여 전래되었다. 불교가 중국에서 우리나라에 전래된 경위에 대하여는 「삼국사기」나 「삼국유사」에 자세히 기록되어 있으므로 그것을 근거로 각국의 전래 경위를 보기로 한다.

### 고구려
「삼국사기」에는 다음과 같은 기록이 있는데 「삼국유사」에도 대체로 같은 기사가 실려 있다.

🌸 소수림왕 2년 6월 진왕(秦王) 부견(符堅)이 사신과 중 순도(順道)를 파견하여 불상과 경문을 보내 오다.

🌸 4년에 중 아도(阿道)가 오다.

🌸 5년 2월에 비로소 초문사(肖門寺)를 지어 순도를 있게 하고 이불란사(伊弗蘭寺)를 지어 아도를 있게 하니 해동의 불교가 이에서

비롯하였다.

이 세 기록에 의하여 우리는 다음과 같은 사실을 알 수 있다.

📿 고구려에 불교가 전래된 시기는 소수림왕 2년(372)이다.

📿 불교는 중국 전진을 통해서 왔다.

📿 고구려에 처음 온 중은 순도와 아도이다.

📿 이 때 불상과 경문이 동시에 전해졌다.

📿 고구려에서 처음 세운 절은 초문사와 이불란사이다.


**백제**

「삼국사기」에는 백제의 불교 전래에 관하여 다음과 같은 기록이 남아 있다.

📿 침류왕 즉위년 9월에 호승(胡僧) 마라난타(摩羅難陀)가 진(晉)에서부터 옴에 왕은 궁중에 맞아들여 예를 베풀고 공경하니 불법이 이에서 시작되었다.

📿 2년 2월 한산(漢山)에 절을 창건하니 10명이 중이 되었다.

「삼국유사」에도 대체로 같은 내용이 실려 있으나 끝에

"또 아신왕 즉위년 곧 대원(大元) 17년 2월에 불교를 믿어서 복을 구하라고 영을 내렸다. 마라난타는 동학(童學)이라고 번역한다."

라는 말이 첨가되어 있다.

이상의 내용을 정리하면

📿 백제에 불교가 전래된 시기는 침류왕 1년(384)이다.

📿 불교는 남조인 동진(東晉)에서 왔다.

📿 백제에 불교를 전한 사람은 서역의 중 마라난타이다.

백제의 기록은 고구려의 기록에 비해 소략한 점이 있다. 마라난타가 올 때 불상이나 경문을 가지고 왔는지에 관해서 전혀 언급이 없음은 그 일례이다. 또 고구려의 불교는 북조에서, 백제의 불교는 남조에서 전래되어 이러한 전래 경로는 불교 문화뿐 아니라 양국 문화 전반에 걸쳐 적지 않은 영향을 끼치는 결과가 되었다.

## 신라

고구려와 백제에 불교가 전래된 경위는 왕실을 상대로 전수가 이루어져서 마찰이 없었으나 신라의 경우는 사정이 달라서 장기간의 진통을 겪은 뒤에야 비로소 수용하게 되었다. 그 동안의 사정이 「삼국유사」와 「삼국사기」에 시각을 달리하면서 기록되어 있다. 곧 「삼국사기」의 기록과 「삼국유사」의 기록은 줄거리는 같지만 「삼국유사」에서는 불교적인 인연이 깊었음을 설명하고 있다.

「삼국사기」에는 다음과 같은 내용이 기록되어 있다.

"법흥왕 15년 불법을 비로소 행하다. 눌지왕 때 중 묵호자가 고구려에서부터 일선군에 왔다. 마을 사람 모례가 집 안에 굴을 만들고 그 속에 있게 하였다. 그 때 양(梁)나라에서 의복과 향을 보내 온 일이 있었다. 여러 신하들이 향을 보고 이름도 모르고 무엇에 쓰는 것인지도 알지 못하여 그것을 가지고 두루 다녀서 알아 오게 하였다.

마침 묵호자에게까지 오게 되자 묵호자는 그것을 보고 그 이름을 알리며 말하기를 '이것을 태우면 향기가 좋고 정성이 신성(神聖)에 도달할 수 있다. 신성함은 삼보(三寶)보다 더한 것이 없으니 첫째 불타요 둘째 달마요 셋째가 승가이다. 만약 이것을 태우면서 소원을 세우면 반드시 영험이 있을 것이다'라고 하였다. 마침 그 때 공주가 병이 무거웠으므로 왕은 묵호자로 하여금 향을 피우고 소원을 세우게 하였더니 공주의 병이 금방 나았다. 왕은 매우 기뻐하여 음식을 대접하고 후하게 상을 주었다.

묵호자는 모례의 집에 돌아와 상으로 받은 물건을 모례에게 주며 말하되 '나는 지금 갈 곳이 있어 작별해야 하겠다'라고 하더니 간 곳을 알지 못하게 되었다. 비처왕(毘處王) 때에 이르러 아도라는 화상이 시자 3인을 데리고 모례의 집에 왔는데 그 모습이 묵호자와 비슷하였다. 수년을 살다가 병도 앓지 않고 죽자 시자 3인이 계속 머물러 있으면서 경률을 강독하니 왕왕 신봉하는 사람들이 있었다.

법흥왕은 불교를 일으키려 하였으나 여러 신하들이 믿지 않고 각기 여러 가지로 반대하는 말들이 많아 곧 시행하기 어려웠다. 이 때 가까이 모시던 신하 이차돈이 아뢰되 '청컨대 소신을 쳐서 중론을 누르시기 바랍니다'라고 하였다. 왕은 '나는 본래 불도를 일으키려는 것이지 무고한 사람을 죽이고자 하는 것은 아니다'라고 하며 여러 신하들을 모아 불도를 일으킬 것을 다시 묻자 모두 말하되 '지금 중의 무리들을 보니 머리를 깎고 이상한 의복을 입었으며 말하는 바가 기괴하니 이는 정상한 일이 아닙니다. 만약 지금 불도를 따른다면 후회할까 두렵습니다. 신 등은 비록 중죄를 진다 할지라도 감히 말씀을 받을 수 없습니다'라고 하였으나 홀로 이차돈만이 '지금 여러 신하들의 말은 잘못입니다. 무릇 비상한 사람이 있어야 비로소 비상한 일이 있는 것입니다. 지금 듣건대 불교는 깊은 뜻이 있으니 아마도 믿지 않을 수 없을 것입니다' 하였다. 왕은 '여러 사람의 주장이 굳세니 물리칠 수 없는데 오로지 너만이 다른 말을 하니 둘을 다 따를 수 없다' 하며 드디어 벼슬아치에게 이차돈의 목을 베라고 하였다. 이차돈은 죽음에 임하여 말하되 '나는 불법을 위하여 형을 당하지만 부처에 만약 신령이 있다면 내 죽음에 반드시 이상한 일이 일어날 것이다'라고 하였다. 드디어 목을 자르니 피가 솟아나는데 색은 젖과 같이 희었다. 여러 사람이 이상히 여겨 다시는 불교를 비방하는 사람이 없었다."

이 기록에 의하면 신라에서는 약 100년 동안 진통과 희생자를 낸 끝에 법흥왕 15년(528)에 이르러 겨우 공인되었고 다음 해에 살생을 금한다는 영을 내렸다. 결국 고구려에 불교가 들어온 지 150년이 경과한 후에야 불교를 수용하였으니 당연히 불상 제작도 늦어졌을 것이고 불교 문화 내지는 불교 미술의 후진성을 면하지 못했을 것이다.

## 불상의 전래

불상은 불교에서의 예배 대상이므로 불교 전래와 때를 같이하여 전래되었을 것은 자명한 일이지만 고구려의 경우는 「삼국사기」에 순도가 불상과 경문을 가지고 왔다고 명확히 기록되어 있으므로 의심의 여지가 없으나 백제와 신라의 경우는 명확한 기록이 없다.

그러나 「삼국유사」의 기록을 통하여 전래의 사실을 유추할 수는 있다. 백제의 경우 불교를 수용한 다음 해인 침류왕 2년(385)에 한산주에 불사(佛寺)를 창건하였다는 기록이 있는 점으로 보아 불상 없이 불사를 건립한다는 일은 생각할 수 없으므로 그 전년에 불교 전래와 함께 불상도 전래되었을 것으로 생각된다.

한편 신라의 경우는 눌지왕 때 묵호자가 고구려에서 일선군 모례의 집에 와 있을 때 양에서 의복과 향을 보내 왔다고 한 대목의 주에

"고득상(高得相)의 영사시(詠史詩)에는 양에서 중 원표를 보내어 명단(溟檀)과 경상(經像)을 전했다."

라고 한 「삼국유사」의 기록이 사실이라면 눌지왕 때 양에서 불상이 전해 왔다고 볼 수 있으나 신라의 눌지왕이 재위하던 시기(417~457년)와 중국 남조의 양왕조(502~556년)의 시기와는 시간적

**북제주(北齊周) 양식의 불상**  얼굴이나 상체에서 부드러운 살결을 느끼게 한다. 우리
나라에서도 7세기 중엽에 이러한 형식의 불상을 조성하였다.(왼쪽, 「쾰른 동양박물관
의 불상」쾰른)

**북제(北齊) 양식의 상**  동위, 서위시대가 지나면 북위시대 양식의 여운이 남아 있으면
서도 크게 부드러운 작풍이 나타난다.(오른쪽, 「쾰른 동양박물관의 불상」쾰른)

차이가 있으므로 그대로 믿기 어려운 점이 있다.

한편「삼국사기」에는 불교 수용을 반대하는 대신들의 발언 가운데 "중의 무리는 머리를 깎고 이상한 의복을 입었다"라는 말이 있어서 이미 불교의 의식을 지키는 중이라고 불리우는 무리가 있었음을 보면 그들이 예배할 불상의 존재를 인정할 수도 있을 것이다.

이상의 상황을 종합하면 불교 전래와 동시에 불상이 전래되었다고 보아도 큰 잘못은 없을 것이다.


# 한국 불상의 양식

## 초기 불상

삼국시대에 우리나라에 전래된 또는 삼국에서 최초로 제작한 불상은 모두 현존하지 않으므로 여러 상황을 종합 유추해서 생각하는 수밖에 없다.

첫째는 삼국에 불상이 전래하던 시기에 중국에서는 건무(建武) 4년명 금동 불좌상(338년)과 같은 이른바 고식 불상의 제작이 유행하던 시기이므로 아마도 그러한 양식의 불상이 전래되었을 것은 틀림없고 서울 뚝섬에서 발견된 불상의 양식 또한 동일한 양식인 중국 전래의 상임을 보아도 그러한 추정은 가능하다.

한편 고구려의 영역이었던 평남 평원군 원오리 절터에서 발견된 여래 좌상 또는 평양 부근 출토라고 전하는 여래 좌상, 백제의 옛 도시 부여 시내 군수리사지 발견의 여래 좌상 또는 부여군 규암면 신리 발견 여래 좌상, 신라의 경우 남산 불곡 마애여래 좌상 등의 양식이 또한 중국의 고식 불상 양식과 유사한 점으로 보아 이러한 양식의 불상이 상당 기간 계속 제작되었음을 알 수 있다.

이 두 가지 점을 종합하면 우리나라에 초전된 불상은 중국의 고식

**군수리 석조 여래 좌상** 납석을 재료로 하여 돌의 부드러운 질감과 유연한 조각 수법이 유감없이 조화된 작품이다. 이러한 납석제 불상의 제작은 백제 불상의 특색이기도 하다. 보물 329호, 국립중앙박물관 소장.

불상과 같은 양식의 불상이었을 것이고 삼국에서는 이러한 불상을 모방한 불상이 최초로 제작되었다는 결론에 도달하게 된다.

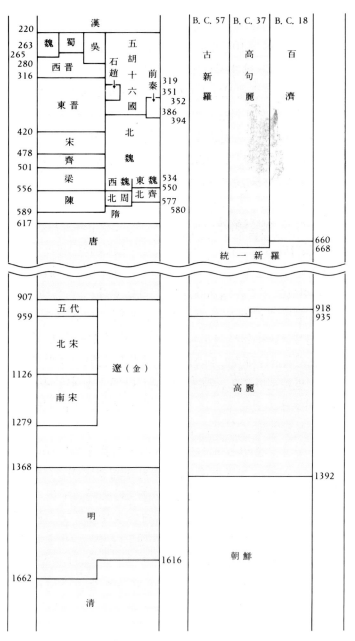

우리나라와 중국의 시대 구분

## 삼국시대

「삼국사기」에 의하면 삼국시대는 중국의 한(漢)대부터 당초(唐初)에 걸치는 시기에 해당되나 불상 양식에는 6세기 이후 곧 남북조 시대부터 수(隋)시대에 걸치는 시기의 불상 양식과 유사한 양식이 나타난다.

곧 삼국의 각 나라들은 다음과 같은 공통된 양식의 불상을 제작하였다.

**서산 마애삼존불상**  1960년에 충남 서산군 운산면 용현리에서 발견된 것으로 6세기 말경 백제 불상의 양식을 보인다. 국보 제84호.

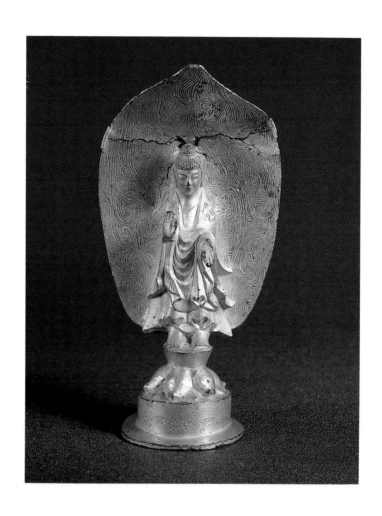

연가 7년명 금동 여래 입상  광배 뒷면에 "延嘉七年歲在乙未高麗國樂良東寺…"라는 명
문이 있어서 고구려 539년 혹은 599년에 만들어진 상으로 추정된다. 국보 제119
호, 국립중앙박물관 소장.

92 한국의 불상

**신묘명 금동 삼존불**  광배 뒷면에 8행 68자의 명문이 있는데, "景□四年在辛卯"라는
구절이 있어서 이 불상이 고구려에서 조성된 아미타여래임을 알게 한다. '辛卯'는
서기 571년으로 추정된다. 국보 제85호, 호암미술관 소장.

🔹 몸에는 살이 빠지고 얼굴은 갸름하다가 말기에는 살이 올라서 제주(齊周) 양식에 접근한다.

🔹 눈은 은행 열매 같고 입가에는 미소가 있다.

🔹 법의는 통견이고 두껍다.

🔹 옷주름은 좌우 대칭으로 표현되었고 좌우에서 고기 지느러미 같이 전개된다.

🔹 좌상은 상현좌의 형식을 취하였고 좌우 대칭으로 복잡한 주름이 표현되어 있다.

🔹 보살의 천의는 앞에서 X형으로 교차된다.

🔹 목에는 삼도(三道)가 없고 수인은 통인이다.

🔹 큰 주형 광배 안에 삼존을 표현하는 일광삼존 형식이 유행한다.

🔹 반가 형식의 미륵보살상이 유행한다.


한편 삼국시대 불상에서는 신비성이 진하게 표출된다는 점이 주목된다. 얼굴의 미소, 수인, 옷주름의 형식 등에서 그러한 감각이 강하게 나타난다. 특히 반가상은 그 대표적인 예이니 그곳에는 미륵보살에 대한 신앙이 농후하였던 사상적인 배경이 있었던 것이다.

「삼국유사」 '미륵선화(彌勒仙花)'조에 있는 설화 곧 신라 경주 흥륜사의 중 진자가 미륵보살이 화랑이 되어 현세에 나타나기를 원하여 미륵선화를 만나러 공주 수원사에까지 갔으나 결국은 경주에서 만나게 되고 그가 결국 국선(國仙)이 되었다는 내용은 신라나 백제에서의 미륵 신앙의 양상을 짐작할 수 있는 구체적인 내용이라고 할 수 있다.

미륵은 내세에 성불할 것을 약속 받은 보살로서 신비로운 존재이다. 미래의 부처에 대한 숭앙과 내세를 생각하면서 현세를 살아가는 삼국시대 사람들의 사상이 나타나 있는 불상이라고 하겠다.

## 통일신라시대

삼국 정립의 시대가 지나고 통일신라시대가 되면 중국에서는 중국 역사상 외래 문화를 가장 잘 수용 소화한 당의 문화가 개화하던 시기로서 그 문화가 신라에도 영향을 끼쳐 불상 조각에서도 일대 변화가 일어나게 된다.

- 육계는 작아지고 나발이 많아진다.
- 미소가 사라지고 단정 근엄한 모습이 된다.
- 목에 삼도가 나타난다.
- 착의법은 우견편단이 많아진다.
- 의문은 좌우 대칭의 양식이 사라지고 자유로워진다.
- 상현좌의 형식이 사라지고 의단은 대좌 위로 올라가서 대좌가 완전히 노출된다.

**계유명 전씨 아미타불삼존석상**  국보 제106호, 통일신라, 국립중앙박물관 소장.

금동 관음보살 입상  통일신라시대가 되면 중국의 당 양식이 도입되어 불상 조각에
일대 변화가 일어나게 된다. 보살상에서도 천의의 X자형 교차가 없어지고 장신구
가 화려해지며, 정면 직립에서 떠나 삼굴(三屈)의 관능적인 자세를 취한다. 보물
제927호.

**한천사 철조 여래 좌상**  통일신라시대 말기에는 인체 표현의 부조화, 의문 표현의 간소
화 등이 나타나며, 생산 조건의 변화로 9세기 이후 철조 불상 조성이 유행하였다.

✿ 대좌는 8각이고 복련(伏蓮)의 하대석, 중대석, 앙련(仰蓮)의 상대석으로 구성된다.

✿ 수인은 통인이 사라지고 부처의 종류에 따라 달라진다.

✿ 보살은 정면 직립에서 떠나 자유로운 자세를 취한다.

✿ 보살상 천의의 X형 교차가 없어지고 장신구가 화려해진다.

✿ 모든 불상은 살이 쪄서 관능적인 표현이 된다.

통일신라시대의 불상 조각은 8세기를 고비로 차츰 쇠퇴의 길을 걸어서 인체 파악의 불철저, 표현 기술의 저하, 선종으로 인한 불상 제작 의욕의 감퇴 등으로 인해 차츰 미적 감각을 잃어 가게 되었다. 한편 통일신라시대에는 삼국시대의 미륵 신앙을 아미타 신앙이 대신하게 되어 아미타여래상의 제작이 많아진다. 통일신라시대 사람들은 현세에서 선을 쌓아 내세에는 아미타불이 있는 극락정토에 태어나기를 기원하였던 것이다. 극락정토는 그들에게는 이상향이며 아미타여래는 최고의 이상적인 존재로 생각되어 아미타여래상을 만들고 그 앞에서 지성으로 기원하였던 것이다.

## 고려시대

고려왕조를 건설한 왕건은 왕조의 건국이 불력에 의하였다고 굳게 믿으면서도 사원의 난립을 엄히 경계하였으나 신왕조의 건립에 따르는 신흥의 기운은 많은 사원의 건립은 물론 거대한 탑파와 불상의 조영을 촉진하였다. 관촉사의 석불이나 현화사의 석탑은 그 일례라고 하겠다.

그러나 신흥의 의기에는 반드시 정신과 기술이 수반되지 않았으니 대작을 만들기는 하였으나 우수작은 되지 못하였다. 그것은 고려시대에 들어 더욱 유행한 선종(禪宗)의 영향이 컸으니 불상에 대한 예배보다도 선사(先師)의 언행을 따르고 사색을 통하여 돈오의 경지

**충주 철조 여래 좌상**   고려시대의 불상으로 강인한 성격의 현세적인 얼굴 표현, 기하학
적인 의문(衣紋) 등에서 시대적인 표현 능력의 감퇴가 보인다. 보물 제98호, 충주
대원사 소장.

에 이르고자 하였으므로 불상 조각에 대한 의욕의 상실 내지는 필요를 느끼지 않게 되어 정신면에서 퇴보하였고 표현 능력도 따라서 감퇴된 때문이었다.

불상의 양식은 대체로 신라 불상의 양식을 계승하였으나 삼국시대의 신비성이나 통일신라시대의 이상을 향하는 깊이 내재한 성격은 없어지고 현세의 인간을 대하는 듯한 모습으로 변해 갔다. 얼굴에 다시 미소가 나타나지만 그 미소는 삼국시대의 미소와는 성격을 달리하는 것이 되었다.

**단호사 철조 여래 좌상** 군살진 턱과 입은 경직되었고, 도식적인 통견의 옷주름, 평판적인 어깨의 표현 등이 단아한 면모의 철불과는 구분되는 양식의 상이다. 보물 제512호.

**덕주사 마애여래 입상**  낮게 부조된 얼굴과 경직된 선으로 단순하게 처리한 불신(佛身), 도식적인 옷주름이 마애불에서도 나타나 고려시대 불상의 특징을 보인다. 보물 제406호.

불상 조각 쇠퇴의 또 하나의 원인으로 풍수도참(風水圖讖) 사상과의 습합을 들 수 있다. 태조는 사원 난립을 경계하는 이유의 하나로 지덕(地德)의 손상을 들었음은 도참설을 중요시한 증거라고 할 수 있다. 풍수설은 신라 말기부터 수용되어서 석탑과 석불의 점지(占地)에 작용한 흔적이 있으나 고려가 되면서 더욱 성행하여 조성면에도 상당한 영향을 미쳤을 것으로 보인다.

또 하나 주목되는 점은 고려 말기에 몽고 세력의 침투로 라마 불상의 양식이 도입된 사실이다. 몇몇 주목할 만한 금동상이 전래되고 있으나 석불에서는 그다지 뚜렷하게 나타나지는 않는다.

결국 고려시대 불상의 양식은 분명히 앞 시대와 구별되는 점이 있는데 그러한 양식의 원류가 어디에 있는지에 대한 새로운 해석이 있어야 할 것이다.

## 조선시대

조선시대에는 숭유배불 정책으로 일관하였던 관계로 불교가 큰 타격을 받았지만 완전히 소멸된 것은 아니었다. 천 년 동안 국민의 사상과 생활을 지배하였던 만큼 정치적으로는 억압하였으나 지배 계급에서 서민에 이르기까지 그 뿌리는 이어져 내려왔다. 왕가에서의 불사(佛事)와 서민의 예불은 계속되어 불상의 조성도 필요하였으나 그것은 현세적이며 개인적인 복을 염원하는 데 지나지 않아서 사상적인 깊이는 없었던 것이다.

이러한 환경 속에서 우수한 불상이 조성될 수는 없었고 고려시대의 불상이 쇠퇴하여 조형 예술의 퇴보를 가져왔다고 하지만 그래도 개성이 나타나 있었던 것에 비하면 조선시대에 와서는 개성마저 사라지고 시대적인 하나의 양식은 형성되었다고 하더라도 예술적인 아름다움이나 창조적인 양식의 전환은 볼 수 없다.

**광주 교리 마애 약사여래불 좌상** 이 마애불의 오른쪽에 "太平二年丁丑七月廿九日古石佛在如賜乙重修今上皇帝萬歲願"이라는 명문이 있다. 고려시대의 마애불로 정제된 상호 등이 통일신라시대의 양식을 이어받은 것으로 보인다.

**관악산 보살 좌상**  조선시대에는 고려 말기 이후의 쇠퇴의 여세를 따라 정신, 기술 양면에서 모두 퇴화의 양상을 보인다. 인체 파악의 부실함과 표현 기술의 미숙이 이 시대 불상의 특징이라 하겠다. 암벽에 얼굴은 고부조를 하였고 몸은 음각선으로 표현한 서울 관악산의 보살상이다.

**성주 노석동 마애불상군** 얕은 부조로 삼존상을 새기고, 왼쪽에 여래 좌상 1구를 더 조각하였다. 평면적인 조각 수법으로 형태가 경직되기는 했지만 긴장감이 보이는 작품이다. 보물 제655호.

# 참고 문헌

高田修, 『佛像の起源』, 岩波書店, 1967.

逸見梅榮, 『佛像の形式』, 東出版, 1970.

황수영, 『한국불상의 연구』, 삼화출판사, 1973.

문명대, 『한국조각사』, 설화당, 1980.

진홍섭, 「석탑표면의 장식조각」, 『석탑』 한국의 미 9, 중앙일보사, 1981.

장충식, 『한국의 불상』, 동국대학교, 1983.

진홍섭, 「고대 한국불상양식이 일본불상양식에 끼친 영향」, 『이화사학연구』 13 · 14, 이화사학연구소, 1983. 6.

최완수, 『불상연구』, 지식산업사, 1984.


『천축에의 여행』, 학습연구사, 동경.

『갠지스의 성지』, 강담사, 동경.

『간다라 미술』, 이현사, 동경.

『붓다』, 롤리북스인터내셔널, 뉴우델리.

빛깔있는 책들 103-1

# 불 상

초판 1쇄 발행 | 1989년 10월 21일
초판 11쇄 발행 | 2006년 5월 30일
재판 1쇄 발행 | 2012년 5월 15일

글 | 진홍섭
사진 | 안장헌, 손재식

발행인 | 김남석
편 집 이 사 | 김정옥
편집디자인 | 임세희
전      무 | 정만성
영 업 부 장 | 이현석

발행처 | (주)대원사
주   소 | 135-231 서울시 강남구 개포로 140길8 201
전   화 | (02)757-6717~6719
팩시밀리 | (02)775-8043
등록번호 | 등록 제3-191호
홈페이지 | www.daewonsa.co.kr

값 8,500원

ⓒ Daewonsa Publishing Co., Ltd.
   Printed In Korea (1989)


ISBN 978-89-369-0040-3
ISBN 978-89-369-0000-7 14590(세트)

잘못 만들어진 책은 바꾸어 드립니다.

# 빛깔있는 책들

## 건강 식품(분류번호:202)

105 민간 요법     181 전통 건강 음료

## 즐거운 생활(분류번호:203)

| | | | | |
|---|---|---|---|---|
| 67 다도 | 68 서예 | 69 도예 | 70 동양란 가꾸기 | 71 분재 |
| 72 수석 | 73 칵테일 | 74 인테리어 디자인 | 75 낚시 | 76 봄가을 한복 |
| 77 겨울 한복 | 78 여름 한복 | 79 집 꾸미기 | 80 방과 부엌 꾸미기 | 81 거실 꾸미기 |
| 82 색지 공예 | 83 신비의 우주 | 84 실내 원예 | 85 오디오 | 114 관상학 |
| 115 수상학 | 134 애견 기르기 | 138 한국 춘란 가꾸기 | 139 사진 입문 | 172 현대 무용 감상법 |
| 179 오페라 감상법 | 192 연극 감상법 | 193 발레 감상법 | 205 쪽물들이기 | 211 뮤지컬 감상법 |
| 213 풍경 사진 입문 | 223 서양 고전음악 감상법 | | 251 와인 | 254 전통주 |
| 269 커피 | 274 보석과 주얼리 | | | |

## 건강 생활(분류번호:204)

| | | | | |
|---|---|---|---|---|
| 86 요가 | 87 볼링 | 88 골프 | 89 생활 체조 | 90 5분 체조 |
| 91 기공 | 92 태극권 | 133 단전 호흡 | 162 택견 | 199 태권도 |
| 247 씨름 | | | | |

## 한국의 자연(분류번호:301)

| | | | | |
|---|---|---|---|---|
| 93 집에서 기르는 야생화 | | 94 약이 되는 야생초 | 95 약용 식물 | 96 한국의 동굴 |
| 97 한국의 텃새 | 98 한국의 철새 | 99 한강 | 100 한국의 곤충 | 118 고산 식물 |
| 126 한국의 호수 | 128 민물고기 | 137 야생 동물 | 141 북한산 | 142 지리산 |
| 143 한라산 | 144 설악산 | 151 한국의 토종개 | 153 강화도 | 173 속리산 |
| 174 울릉도 | 175 소나무 | 182 독도 | 183 오대산 | 184 한국의 자생란 |
| 186 계룡산 | 188 쉽게 구할 수 있는 염료 식물 | | 189 한국의 외래·귀화 식물 | |
| 190 백두산 | 197 화석 | 202 월출산 | 203 해양 생물 | 206 한국의 버섯 |
| 208 한국의 약수 | 212 주왕산 | 217 홍도와 흑산도 | 218 한국의 갯벌 | 224 한국의 나비 |
| 233 동강 | 234 대나무 | 238 한국의 샘물 | 246 백두고원 | 256 거문도와 백도 |
| 257 거제도 | | | | |

## 미술 일반(분류번호:401)

| | | | | |
|---|---|---|---|---|
| 130 한국화 감상법 | 131 서양화 감상법 | 146 문자도 | 148 추상화 감상법 | 160 중국화 감상법 |
| 161 행위 예술 감상법 | 163 민화 그리기 | 170 설치 미술 감상법 | 185 판화 감상법 | |
| 191 근대 수묵 채색화 감상법 | | 194 옛 그림 감상법 | 196 근대 유화 감상법 | 204 무대 미술 감상법 |
| 228 서예 감상법 | 231 일본화 감상법 | 242 사군자 감상법 | 271 조각 감상법 | |

## 역사(분류번호:501)

| | | | | |
|---|---|---|---|---|
| 252 신문 | 260 부여 장정마을 | 261 연기 솔올마을 | 262 태안 개미목마을 | 263 아산 외암마을 |
| 264 보령 원산도 | 265 당진 합덕마을 | 266 금산 불이마을 | 267 논산 병사마을 | 268 홍성 독배마을 |
| 275 만화 | | | | |